Daniel Alvarez

L'AUTOROUTE VERS LA RICHESSE IMMOBILIERE

Une méthode fiable pour investir
dans la pierre sans prise de tête

Terys.ch

Daniel Alvarez est titulaire d'un bachelor en économie et d'un master en gestion de patrimoine, avec une spécialisation dans les investissements immobiliers. Après plusieurs années en tant qu'analyste dans le secteur financier, il a fondé Terys.ch, une plateforme innovante visant à offrir des opportunités d'investissement immobilier de haut rendement.

Passionné de finance et inspiré par des figures comme Warren Buffet et Robert T. Kiyosaki, Daniel combine sa formation académique solide avec une approche pragmatique et accessible de l'investissement. Ce premier ouvrage propose des stratégies éprouvées pour ceux qui souhaitent développer leur patrimoine à travers l'immobilier, en Suisse et au-delà.

En plus de sa carrière dans l'investissement, Daniel est également pilote privé. Sa passion pour l'aviation reflète sa recherche constante de perspectives nouvelles et d'ambitions élevées, qu'il transpose dans son approche de l'investissement. Cette passion, tout comme son parcours académique, symbolise sa rigueur et son engagement à atteindre des objectifs ambitieux tout en guidant ses lecteurs vers le succès.

Si vous souhaitez voir plus de contenu, suivez Daniel sur sa chaîne YouTube :

À ma compagne, Ozzin Jun, pour son amour et ses encouragements constants, sans lesquels ce projet n'aurait jamais vu le jour.

À mes parents, pour avoir toujours nourri mes rêves, ainsi que pour les valeurs d'honnêteté et de résilience qu'ils m'ont transmises.

Enfin, à vous, chers lecteurs, pour la confiance accordée à cet ouvrage, en espérant qu'il vous sera à la fois utile et agréable.

SOMMAIRE

PRÉFACE

Vous êtes une personne responsable et savez que pour sécuriser votre avenir financier, investir est essentiel. Dans un monde incertain, où les méthodes d'investissement abondent et souvent s'opposent, il est facile de se sentir perdu. L'émergence des réseaux sociaux a, par ailleurs, donné naissance à des centaines de « gourous » dont les conseils contredisent souvent ceux des experts de la finance traditionnelle.

Alors, comment trouver la meilleure façon de faire fructifier votre argent? Et si la clé de votre indépendance financière se trouvait sous vos pieds ? Depuis des millénaires, l'immobilier reste un investissement sûr, et il pourrait bien être votre voie royale vers la fortune.

L'autoroute vers la richesse immobilière lève le voile sur les secrets de l'investissement immobilier. Voici un aperçu de ce que vous découvrirez dans cet ouvrage :
- pourquoi investir triomphe toujours sur l'épargne
- comment l'immobilier peut générer des revenus, même pendant votre sommeil
- les pièges courants à éviter, dans lesquels beaucoup tombent
- des récits inspirants de grands entrepreneurs

Et surtout, une méthode clé en main pour devenir investisseur immobilier en quelques semaines : « La méthode de l'autoroute ».

INTRODUCTION

Nous sommes tous assis sur une bombe à retardement. Les autorités de nos pays impriment de l'argent comme s'il s'agissait de confettis. Petit à petit, notre épargne et notre pouvoir d'achat s'érodent, nous laissant dans l'incertitude la plus totale. Nos gouvernements sont de plus en plus endettés, et n'ont pas d'autre choix que d'imprimer encore plus de billets et de générer encore plus d'inflation. Mais le cercle vicieux ne s'arrête pas là. Les systèmes de retraites sont au bord de l'implosion, avec toujours plus de retraités et toujours moins de personnes actives. Les fonds de pension ou d'investissement se basent sur des principes totalement dépassés et leurs frais de fonctionnement élevés font qu'ils parviennent à peine à compenser l'inflation. Pourtant, cette dernière est croissante, et tend à évoluer plus vite que les taux des fonds d'investissement.

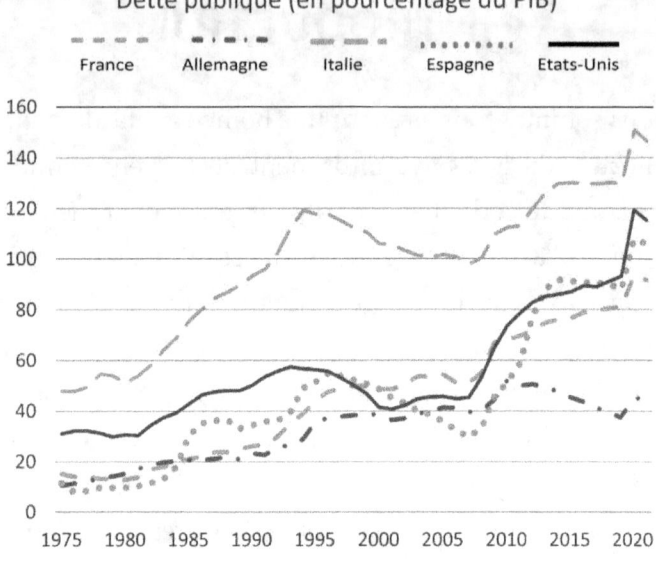

Le résultat est simple : nous serons de plus en plus dépendants de nos salaires et des aides de l'État et nous devrons travailler jusqu'à un âge de plus en plus avancé pour survivre. Vous vous dites peut-être que c'est du pessimisme. Et j'aimerais que vous ayez raison. Pourtant, c'est un fait. Les chiffres le démontrent et les économistes sont (pour une fois) unanimes.

À l'échelle individuelle, seulement une chose peut nous aider à surmonter ces obstacles : agir sur son revenu, en l'augmentant. Quand on veut augmenter son revenu, on pense tout de suite à acquérir de nouvelles formations, à faire tout son possible pour avoir une promotion au travail ou encore à avoir un deuxième job. Ces méthodes peuvent marcher mais vous dépendrez toujours de votre travail.

Vous n'aurez pas de vraie liberté, et vous demeurerez sous pression constante. Vous échangerez votre temps contre de l'argent. Une autre solution, probablement plus simple qu'acquérir de nouveaux diplômes, est de faire travailler votre argent pour qu'il vous en rapporte plus. Laissez-moi vous raconter une anecdote qui vous éclairera.

Le voyage en Floride

Je me souviens que lors de mes vacances aux États-Unis, j'ai eu la chance de visiter un country club très exclusif de la Floride. De nombreuses célébrités, hommes et femmes d'affaires très fortunés possédaient une villa de vacances à cet endroit. J'ai eu la chance que la directrice de l'établissement soit la femme d'un ami d'enfance de mon père : autrement, je n'aurais jamais pu rentrer dans un tel cercle. C'est elle qui m'a guidé lors de cette visite et elle m'a dit quelque chose qui m'a frappé à tout jamais. Elle m'a dit : *« Tu sais quel est le secret des personnes qui ont une villa ici, Daniel ? Ils ont de l'argent qui entre sur leur compte en banque pendant qu'ils jouent au golf ou qu'ils dorment »*.

Cette femme venait de me donner le secret de la richesse illimitée. Les personnes réellement fortunées ne le sont pas parce qu'elles ont les meilleures formations, ou parce qu'elles ont des postes à responsabilité avec de gros salaires, elles le sont parce qu'elles ont fait en sorte que leur argent travaille pour elles. Elles ont acheté des actifs (investissements) qui mettent de l'argent dans leur poche. Et laissez-moi vous dire une bonne chose : investir afin que votre argent travaille pour vous, ce n'est pas réservé aux personnes fortunées vivant dans des country clubs hors de prix. C'est accessible à tout le monde.

Ce qui veut dire que vous pouvez aussi y parvenir, si vous connaissez les bons principes. Investir est ce qui peut vous aider à augmenter vos revenus et à surmonter les obstacles à venir. C'est aussi un moyen d'obtenir le style de vie dont vous avez toujours rêvé. Imaginez les choses comme ça : vous êtes une grande usine qui a besoin d'employés pour tourner. Ces employés sont matérialisés par l'argent que vous mettez de côté tous les mois. Si vous dépensez cet argent, vous n'avez pas d'employés et votre usine ne peut pas tourner. Si vous épargnez votre argent sans l'investir, c'est comme si vos employés ne faisaient rien. En revanche, si vous investissez votre argent, vous mettez vos employés au travail et ils feront tourner l'usine à fond. Nous verrons ensemble dans ce livre que la meilleure façon de mettre son argent au travail est l'investissement immobilier. Après cela, vous découvrirez « La méthode de l'autoroute » qui est le moyen le plus simple, sûr et rapide de devenir un investisseur immobilier.

Pour qui ce livre a été écrit ?

Avez-vous déjà été frustrés, de ne jamais avoir assez d'argent, peu importe votre revenu ?

Êtes-vous fatigué de travailler toujours plus dur pour de petites augmentations de salaire (qui ne contrebalancent même pas l'inflation) ?

Peut-être que vous ne voulez pas attendre des décennies dans le même poste avant d'enfin obtenir un revenu plus important, et que vous voulez avoir un revenu plus élevé maintenant ?

Êtes-vous nerveux à l'idée d'être totalement dépendant de votre salaire ?

Rêvez-vous d'un jour ne plus avoir à travailler et de vivre vos rêves ?

Voulez-vous avoir une retraite confortable afin de conserver votre niveau de vie ?

Souhaitez-vous avoir plus de temps libre pour le passer avec votre famille ou pour pratiquer votre passe-temps ?

Êtes-vous déçu par les plans de retraites qui demandent d'énormes cotisations et produisent des résultats médiocres ?

Souhaitez-vous investir votre argent, sans savoir par où commencer ?

Ou alors, peut-être souhaitez-vous vous lancer dans l'immobilier mais êtes intimidé par ce nouveau domaine ?

Avez-vous déjà essayé de faire une affaire immobilière sans succès ?

Si ces questions résonnent en vous, c'est que vous avez toqué à la bonne porte. Ce livre est dédié à toutes les personnes qui souhaitent améliorer leur situation financière, à ceux qui sont désireux d'augmenter leur revenu, à ceux qui veulent dépendre moins de leur salaire et gagner plus de sérénité pour leur avenir. Peu importe que vous souhaitiez augmenter votre revenu afin d'arrondir les fins de mois, investir plus agressivement pour prendre une retraite à 35 ans et vivre sous les tropiques ou encore devenir millionnaire grâce aux investissements immobiliers. Les principes que vous apprendrez ici vous permettront d'accéder à la liberté financière.

Débarrassez-vous de vos croyances limitantes

Vous vous posez probablement la question suivante : pourquoi est-ce que tout le monde n'investit pas dans l'immobilier si c'est si formidable ? Pour deux raisons principales : l'ignorance et les croyances limitantes. Démystifions ensemble ces croyances.

Croyance numéro 1 : Il faut beaucoup d'argent pour investir dans l'immobilier

C'était vrai il y a plusieurs années mais il existe aujourd'hui de nombreuses façons d'investir de petites sommes dans l'immobilier. L'investissement immobilier est aujourd'hui à la portée de tous.

Croyance numéro 2 : Je n'ai pas d'argent épargné en ce moment

Si vous n'avez pas d'argent épargné à investir en ce moment, vous pouvez simplement commencer dès à présent à mettre de côté tous les mois pour investir, même de petites sommes. Progressivement, en suivant un bon plan, vous accéderez à votre liberté financière.

Croyance numéro 3 : C'est trop risqué

Ne pas investir est bien plus risqué que d'investir. Si vous ne construisez pas votre patrimoine et si vous n'augmentez pas vos revenus, vous dépendrez des aides de l'État et des patrons pour votre survie à long terme. L'immobilier est un des investissements les plus fiables qui existent.

Croyance numéro 4 : Je n'ai pas le temps

Investir dans l'immobilier avec la bonne méthode ne vous prendra pas plus d'une ou deux heures par semaine. Le but de l'immobilier est de vous fournir un revenu passif, chose que très peu d'autres investissements peuvent faire. Faites le calcul : 2 heures par semaine pour construire votre liberté financière, ou 2 heures par jour sur les réseaux sociaux ?

Croyance numéro 5 : Je ne suis pas formé ou c'est trop technique

Aucune formation n'est nécessaire. Justement, ce livre vous fournit tout ce dont vous avez besoin pour maîtriser l'immobilier.

Croyance numéro 6 : Je ne veux pas m'occuper des locataires

Vous n'avez pas à vous occuper des tracas quotidiens de vos immeubles. Avec la méthode élaborée dans ce livre, vous n'aurez jamais à vous inquiéter des toilettes bouchées ou des paiements des locataires.

Croyance numéro 7 : L'immobilier n'est pas assez rentable

Il y a bien peu d'investissement qui soit plus rentable que l'immobilier. Investir dans des immeubles surclasse l'immense majorité des fonds d'investissements et des actions. En plus, en sachant que l'immobilier est une source de revenus passifs, la rentabilité est encore accrue.

Croyance numéro 8 : L'immobilier va bientôt s'écrouler

L'immobilier n'a cessé de s'apprécier pendant des décennies, voire des siècles. Investir dans l'immobilier a porté ses fruits même pendant les guerres mondiales, les dépressions économiques ou les pandémies meurtrières. Il est donc certain que cette tendance se poursuivra. Preuve en est : malgré la pandémie de Covid-19, le prix de l'immobilier n'a pas cessé d'augmenter.

Ce que vous apprendrez dans ce livre

Les principes contenus dans ce livre vous apporteront une méthode clé en main pour augmenter vos revenus de façon passive et vous permettre d'acquérir votre liberté financière. Ne vous inquiétez pas, je ne vais pas vous parler de techniques de spéculation douteuses qui vous demanderont des heures et des heures de travail par jour.

Je suis défavorable à la spéculation et je sais que votre temps est précieux. Je vais donc vous proposer une méthode simple, efficace, sûre et peu chronophage. Ce n'est pas une méthode qui se base sur les dernières tendances technologiques, qui seront totalement dépassées d'ici à quelques années. Je veux vous fournir ici une méthode concrète, basée sur un investissement millénaire qui a fait ses preuves tout au long de l'Histoire : l'investissement immobilier.

Je vous épargnerai aussi de longues années d'expérience et de réflexion afin de trouver comment réussir dans l'immobilier. Ce livre n'est pas un cours académique ou une encyclopédie sur l'immobilier. C'est un guide pratique, avec une méthode claire, précise et prouvée, que vous pourrez appliquer sur le champ. Je sais que votre temps est précieux, c'est pourquoi je me suis efforcé de rendre ce livre le plus court possible et d'aller droit au but avec une méthode qui maximisera votre revenu passif, minimisera votre risque et qui ne vous demandera finalement que peu d'effort.

Qui suis-je ?

J'imagine que bon nombre d'entre vous se sont demandé à juste titre qui je suis et quel est mon parcours qui justifie l'écriture de ce livre. Je vais donc commencer depuis le début et partager avec vous une petite anecdote sans laquelle ce livre n'aurait sans doute jamais vu le jour.

Je m'appelle Daniel Alvarez, je suis né en Suisse, dans le canton francophone de Neuchâtel. Depuis un très jeune âge, les personnes fortunées m'ont intriguées. Au début, je pensais qu'ils étaient simplement chanceux, qu'ils étaient nés dans une famille riche ou qu'ils avaient gagné à la loterie. Ayant acquis un peu de maturité mais ayant toujours un raisonnement puéril, je pensais avoir compris le secret. Les personnes riches étaient tous des acteurs, des musiciens ou des athlètes. J'en étais convaincu ! Et pour une raison que j'ignore, cette curiosité pour les personnes fortunées s'est estompée et je n'y ai plus repensé.

Mais lorsque j'étais au lycée, lors des vacances d'été, j'ai effectué un voyage avec mes parents aux États-Unis. Beaucoup de choses m'ont marqué durant mon bref passage dans ce pays. Le premier était les immenses gratte-ciels de New York. J'étais effaré de voir tant de puissance et de richesse autant concentrée en un seul endroit. La bourse a particulièrement retenu mon attention. J'ai bien compris que de nombreux enjeux se tenaient à cet endroit, et les personnes qui fréquentaient ce lieu semblaient fortunés… et voilà ! Ma curiosité enfantine est soudainement réapparue. Cependant, ma compréhension sur ce sujet était restée là où je l'avais laissé, c'est-à-dire au niveau d'un enfant de 12 ans. Ce que me disaient les adultes et les enseignants au lycée ne semblait pas aider non plus. Tous me disaient que le secret de la richesse était d'avoir de bonnes notes et d'ensuite devenir médecin ou dentiste. Mais je savais que ce n'était pas vrai. J'avais observé ceux qui sortaient de la bourse de New York et je pouvais certifier qu'il n'était ni médecin ni dentiste et qu'ils étaient bien plus riches que ces derniers. Ils faisaient quelque chose différemment. Mais quoi donc ? Je n'y voyais pas clair.

L'illumination : Père riche, père pauvre

Heureusement, j'ai reçu une petite illumination quelques jours après mon passage à New York. Ce fut en Floride. Nous nous sommes rendus à cet endroit pour rendre visite à un ami d'enfance de mon père. Lors d'une discussion chez lui, je ne me souviens plus comment, l'ami à mon père a parlé d'un livre écrit par un certain Robert Kiyosaki. Vous le connaissez très certainement, il s'intitule *Père riche, père pauvre*.

Je n'étais pas très engagé dans la discussion jusqu'au moment où notre hôte a dit que cet auteur a écrit un livre sur ce qu'il fallait faire pour devenir fortuné. Mes oreilles se sont dressées et j'ai tout de suite voulu en savoir plus. Mon passage au country club que j'ai mentionné plus tôt m'avait déjà donné une piste. Une fois rentré en Suisse, je me suis empressé d'obtenir un exemplaire de ce fameux livre. Malgré mon habitude à lire lentement, j'ai dévoré ce livre en moins de deux jours. J'étais abasourdi et je sentais que ce que je venais de lire m'avait ouvert les yeux. Le secret de la liberté financière tenait en un mot : investir.

Cette lecture ne fut que le début d'un long et passionnant parcours d'apprentissage. À la suite du lycée, j'ai obtenu un bachelor en sciences économiques de l'Université de Neuchâtel, suivi d'un master en gestion de patrimoine à l'Université de Genève. En parallèle, j'ai continué à approfondir mes connaissances dans le domaine des investissements en lisant de nombreux livres et en suivant des formations complémentaires.

À la fin de mes études, je me suis lancé. Avec mes connaissances théoriques, je pensais être prêt. J'ai fait mes premières armes en achetant et vendant des devises, des actions, des options et même des montres de luxe. Il faut dire que la plupart de ces tentatives furent de cuisants échecs... mais aussi les meilleurs enseignements. Je suis sans doute tombé dans tous les pièges évitables au sein du monde des investissements et je souhaite que vous, cher lecteur, puissiez les éviter (et ne pas faire comme moi).

J'ai réalisé que faire du trading, l'achat-vente d'actions ou autre était non seulement très risqué, mais aussi extrêmement chronophage, me demandant de passer des heures et des heures devant mon écran tous les jours. Cela n'était pas viable à long terme, je suis donc retourné à la case départ. C'est alors que tout a changé. Dès que je me suis penché sur le sujet de l'investissement immobilier, j'ai été tout de suite captivé par un détail. Ce détail est exactement ce qui rend l'immobilier unique : sa capacité à générer des revenus passifs et liquides. En effet, c'est un des très rares investissements qui vous permet de faire rentrer de l'argent dans votre compte en banque tous les mois.

Jusque-là, tous les autres investissements demandaient d'acheter à un prix bas et d'éventuellement le vendre à un prix plus élevé, mais sans avoir aucun revenu liquide entre-temps. De plus, j'ai aussi observé à quel point l'immobilier pouvait être beaucoup moins chronophage. Si l'investisseur immobilier est intelligent, il réussira un jour à percevoir des revenus passifs avec très peu d'effort, ce qui est difficilement réalisable par d'autres types d'investissements comme le trading par exemple.

Malgré le fait que j'étais totalement séduit par l'immobilier, j'ai observé que devenir un investisseur (et surtout un investisseur qui atteint ses objectifs) est un processus très long et difficile. De nombreuses personnes sacrifient la quasi-totalité de leur temps libre et doivent épargner pendant des décennies pour prospérer dans le milieu de l'immobilier. Une statistique bien triste parle d'elle-même : 97 % des investisseurs souhaitent investir dans l'immobilier mais seulement 3 % d'entre eux y parviennent.

Ce sont ces difficultés qui m'ont inspirée à écrire ce livre et à développer la plateforme d'investissement **Terys.ch** [1] dont j'aurais l'occasion de reparler plus tard. Je souhaite que vous n'ayez pas à subir cette traversée du désert, et que vous puissiez bénéficier dès le début d'une méthode qui marche, qui est fiable, accessible à tous et surtout, qui vous permettra de libérer votre temps pour le dépenser comme bon vous semble.

Pour cela, il faut générer du revenu passif et liquide, des sous qui rentrent à la banque régulièrement et je peux vous montrer comment y parvenir. J'espère que ce que vous apprendrez dans ce livre vous aidera, et vous permettra d'atteindre le niveau de vie dont vous rêvez.

Il a été important pour moi d'écrire ce livre en français. Je trouve que le marché francophone est très mal desservi dans le domaine des investissements alors qu'il y a littéralement des milliers de livres en anglais. Ce livre vous est donc dédié, francophones provenant de France,

Belgique, Suisse, Canada ou même d'Afrique. Un dernier détail, étant suisse, j'utilise les francs suisses (CHF) comme devise de référence. Cela ne change en rien les principes du livre mais si vous voulez vous faire une idée, un franc suisse est plus ou moins égal à un euro et à 1.5 dollars canadien (ajouter donc 50 % à tous les chiffres en CHF pour les convertir en CAD)

LA MÉTHODE DE L'AUTOROUTE

La solution : l'immobilier de rendement

Je ne vous connais pas. Mais je suis prêt à parier que vous avez déjà mangé au moins une fois chez McDonald's. Cette entreprise nourrit plus de 1 % de la population tous les jours. Vous vous imaginez donc sans doute que leur principale source de revenu est la vente de hamburgers. Mais vous avez tort. L'écrasante majorité du chiffre d'affaires de l'entreprise aux arches dorées provient de l'immobilier.

Eh oui, leur modèle d'affaire est le suivant : la personne désireuse d'ouvrir un restaurant McDonald's doit payer beaucoup d'argent pour avoir les droits de représenter la marque, elle devient alors un franchisé.

McDonald's utilise ensuite cet argent pour acheter l'immeuble où se trouvera le futur restaurant et le franchisé devient leur locataire. En somme, McDonald's a trouvé une façon d'acquérir de l'immobilier sans débourser le moindre centime de leur poche et c'est ce qui a transformé un petit restaurant d'autoroute en multinationale milliardaire.

Toujours est-il qu'il existe mille et une manières de mettre son argent au travail. Il y a la voie classique, c'est-à-dire investir dans les fonds d'investissements traditionnels afin que leurs gérants deviennent riches sur votre dos.

Des méthodes plus récentes et exotiques existent aussi, vous pouvez par exemple vous aventurer dans le monde improbable des NFT[2] et tout miser sur l'image d'un chimpanzé déguisé en astronaute, en espérant tomber sur une autre personne suffisamment naïve pour vous l'acheter 10 fois le prix initial.

Sarcasme à part, il n'y a pas une méthode d'investissement qui soit la « meilleure méthode ». Leur désirabilité dépend de vos objectifs, de votre niveau d'aversion au risque et surtout au temps et à l'effort que vous êtes prêt à consacrer.

Prenons par exemple le *day trading*[3]. Cela consiste à acheter des actions et à les revendre très rapidement à un prix plus élevé. Comme le nom de cette méthode le suggère, l'investisseur possède l'action pendant moins d'une journée. En toute franchise, oui, cette façon d'investir peut vous faire gagner beaucoup d'argent très rapidement. En revanche, pour que le flux d'argent continue de couler, il faut être constamment devant son ordinateur en train de faire des opérations d'achats-ventes, ce qui demande beaucoup de temps. Cette méthode s'apparente à un travail à temps complet avec énormément d'heures supplémentaires. En plus, ces investissements ont aussi le désavantage d'être très risqués. La probabilité de tout perdre est bien réelle et elle est élevée. Il est estimé que les personnes qui s'adonnent à des investissements exotiques (options, devises étrangères, *day trading,* etc.) ont 97 % de chances de perdre tout leur argent.

Personnellement, ce genre de méthode ne m'intéresse plus. Je les ai essayés par le passé et elles m'ont procuré un certain amusement mais je ne suis pas prêt à le refaire à cause du temps que cela prend et du risque inconsidéré. Si j'investis aujourd'hui, ce n'est pas pour avoir un second job, sacrifier mon temps libre et en plus courir le risque immense de tout perdre. Si j'ai à choisir entre un investissement rapportant 20 % par an, mais nécessitant 20 heures de travail par semaine, et un autre rapportant 7 % par an avec seulement une heure de travail par semaine, je choisirais sans hésiter la seconde option, celle qui rapporte 7 % !

Cette mentalité est réellement celle qui vous fera gagner le plus d'argent : la route de la richesse n'est pas une course, c'est un marathon. Il est bon de rappeler l'objectif de ce livre : vous fournir une méthode pour obtenir un revenu régulier et liquide, nécessitant peu d'effort, de temps et avec un risque minimal.

À ce titre, la meilleure façon d'investir son argent afin d'augmenter son revenu est *investir dans des immeubles de rendement résidentiels* :

- en bon état
- d'au moins 3 appartements
- dans de bons voisinages

Oui, cette méthode si convoitée que j'appelle l'autoroute tient en une phrase et pourtant j'écris tout un livre à ce sujet. Mais ne vous y méprenez pas, il m'a fallu des années pour en arriver à cette conclusion et je souhaite me pencher sur cette phrase mot par mot afin que vous puissiez comprendre pourquoi c'est une méthode gagnante. Plus tard dans le livre, nous verrons comment l'appliquer.

Nous pouvons séparer la méthode en 6 parties distinctes :

- Investir
- Immeubles de rendement
- Résidentiels
- En bon état
- Au moins trois appartements
- Bons voisinages

Cela étant dit, commençons par le début.

Investir

Les intérêts composés sont la plus grande force de tout l'univers.

ALBERT EINSTEIN

Tout investisseur connaît l'Oracle d'Omaha, l'homme qui est considéré comme le meilleur investisseur de tous les temps : Warren Buffett. En ce moment, sa fortune est estimée à 108 milliards de dollars américains, ce qui fait de lui le cinquième individu le plus fortuné du monde. Ce que peu de personnes savent, c'est que son immense fortune est très récente. En fait, 84 % de sa fortune a été créée après ses 65 ans ! Sa fortune continue de grandir à une vitesse vertigineuse, et nul ne sait quel sommet elle atteindra. Quel a été le secret de Warren Buffett pour amasser une telle fortune ? Investir afin de profiter de l'intérêt composé.

Si vous souhaitez atteindre votre indépendance financière, investir sera obligatoire. Investir est la science (ou plutôt l'art) de multiplier son argent, de transformer de petites sommes en de grosses sommes.

Regardez l'investissement comme le contraire d'épargner. En effet, épargner ne fonctionne pas. Cela fait déjà bien longtemps que les banques ne donnent rien aux personnes qui épargnent de l'argent chez elles. En plus, l'inflation fait que la valeur réelle de l'argent épargné fond comme de la neige au soleil… Et les taux rémunérateurs de l'épargne n'épongent même pas les pertes sèches liées à l'inflation.

Prenons un exemple fictif, avec Paul et Catherine. Paul est un épargnant et Catherine est une investisseuse. Supposons également que les deux personnes investissent 500 CHF tous les mois pendant 35 ans. Paul économise donc 6'000 CHF par an et après 35 ans, il aura amassé une fortune de 210'000 CHF. Ce qui n'est pas mal. Et pour Catherine ?

Catherine a mis de côté 500 CHF par mois mais contrairement à Paul, elle a investi cet argent. On ne va pas rentrer dans les détails de comment elle a investi, disons simplement que ses investissements ont eu un rendement moyen de 6 % par an. Cela signifie que si elle investit 500 CHF en janvier 2024, cet investissement lui rapportera un bénéfice de 30 CHF (6 % x 500).

Après 35 ans, Catherine l'investisseuse aura accumulé une fortune de 668'800 CHF.

Comme vous pouvez le constater, la différence entre un épargnant et un investisseur est ÉNORME. Catherine a atteint une fortune plus de trois fois plus grande que Paul grâce à ses investissements, en mettant de côté la même somme d'argent.

Si Catherine continue sur sa lancée et investit pendant encore 7 ans, elle deviendra millionnaire avec une fortune de 1'055'703 CHF. Pas mal, en sachant qu'elle n'aurait mis de côté que 500 CHF tous les mois. De plus, la fortune de Paul l'épargnant augmente de façon linéaire tandis que celle de Catherine augmente de façon exponentielle. Ce qui veut dire que la fortune de Catherine grandit de plus en plus vite alors que celle de Paul grandit toujours à la même vitesse.

Comme vous pouvez le constater, plus le temps passe, plus l'écart entre Paul et Catherine se creuse. L'écart est d'autant plus important si Catherine investit plus d'argent tous les mois ou si le rendement de ses investissements est plus élevé. En l'occurrence, si le rendement des investissements de Catherine avait eu un rendement de 7 %, sa fortune après 35 ans serait de 829'421 CHF, soit plus de 160'000 CHF de différence. Pour seulement 1 % d'écart !

Enrichissement de Paul et Catherine

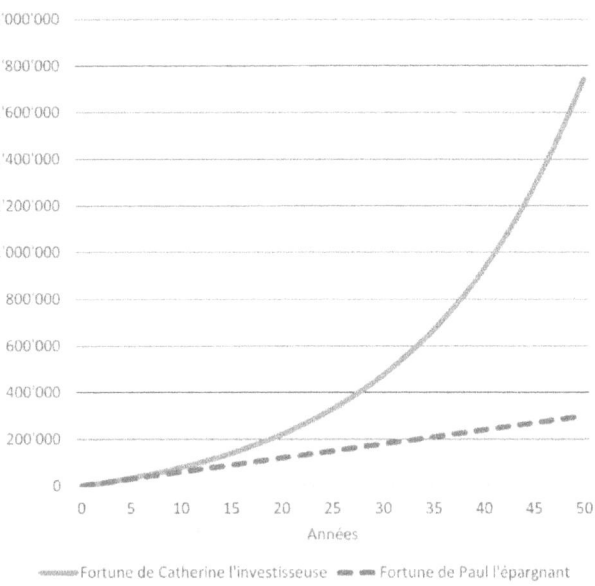

Cette différence astronomique entre les investisseurs et les épargnants peut s'expliquer en deux mots : l'intérêt composé. Cela se produit lorsque les intérêts perçus (dans notre cas le rendement) sur un investissement sont réinvestis et génèrent à leur tour des rendements supplémentaires. Avec le temps, les intérêts composés peuvent entraîner une croissance énorme de la valeur de l'investissement, comme celle de Catherine. Si vous voulez, vous gagnez « des intérêts sur des intérêts ».

Un exemple vous aidera à mieux visualiser :

Supposons que vous investissiez 1'000 CHF à un rendement de 10 % par an. Au bout d'un an, vous auriez gagné 100 CHF, ce qui porte la valeur de votre investissement à 1'100 CHF. Si vous réinvestissez ces gains, vous gagnerez à nouveau 10 % d'intérêts l'année suivante, soit 110 CHF, ce qui porte la valeur de votre investissement à 1'210 CHF et ainsi de suite. Avec le temps, les intérêts composés peuvent s'accumuler et contribuer significativement à la croissance de la valeur de votre investissement, ce qui est exactement ce que vous cherchez.

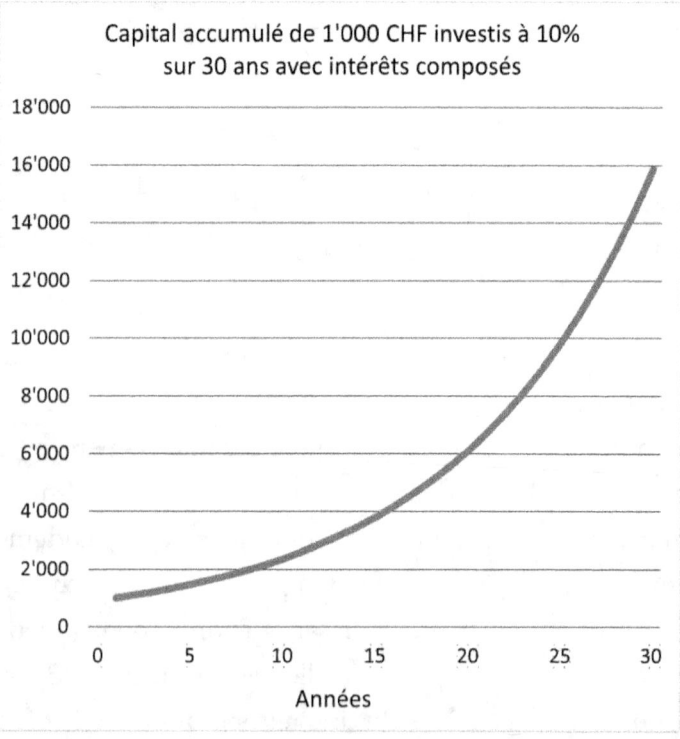

Capital accumulé de 1'000 CHF investis à 10% sur 30 ans avec intérêts composés

Vos 1'000 francs dans ce cas auront presque doublé après 7 ans. Après 17 ans, ils vaudront 5'000 CHF. Après 24 ans, ils se seront presque multipliés par 10 en atteignant la somme de 9'850 CHF. C'est ça la force des intérêts composés. À nouveau, vous pouvez observer que plus on avance dans le temps, plus la valeur de l'investissement augmente rapidement, de façon exponentielle.

Cela explique pourquoi Warren Buffett a accumulé la plus grande partie de sa fortune plus tard dans sa vie. Il a commencé à investir à un jeune âge, et il a laissé les intérêts composés effectuer leur travail et sa fortune augmenter de plus en plus vite. C'est pourquoi il est important de commencer à investir le plus tôt possible afin de laisser les intérêts composés travailler pour vous.

Comme le dit le célèbre entrepreneur Kevin O'Leary : « l'intérêt composé et la récompense énorme que vous percevez pour avoir investi votre argent et l'avoir laissé tranquille ».

Voulez-vous en savoir plus sur les intérêts composés ? Je vous invite à cliquer sur ce lien [4]pour comprendre comment se calculent ces intérêts.

L'IMMOBILIER OU COMMENT LA PIERRE BAT LE PAPIER

90 % des millionnaires le sont devenus en possédant de l'immobilier.
ANDREW CARNEGIE

John Jacob Astor est né en Allemagne en 1763 et a immigré aux États-Unis en 1784. Il a commencé sa carrière en tant que commerçant de fourrures. Rien ne présageait que ce petit commerçant immigré parlant avec peine l'anglais allait façonner l'une des villes les plus importantes du futur.

Avec les fonds qu'il a générés dans le commerce de fourrure, il a décidé d'investir dans des terrains et des immeubles d'habitations d'une petite bourgade en développement, qui était alors sous-évaluée. Cet endroit n'était autre que New York.

Astor a acheté intelligemment, a su détecter les endroits qui allaient devenir très prisé dans un futur proche. La ville s'est rapidement développée et est devenue le centre d'affaires que nous connaissons tous aujourd'hui. Cela va sans dire que les propriétés d'Astor se sont fortement appréciées, ce qui a fait qu'Astor devienne le premier millionnaire de l'Histoire des États-Unis.

Aussi surprenant que cela puisse paraître, quelle que soit votre situation actuelle, vous avez un point en commun avec cet homme : vous comprenez les intérêts composés et l'importance d'investir votre argent.

Et vous l'aurez compris, l'immobilier est l'un des meilleurs moyens d'investir son argent.

Mais avant de continuer, comparons l'immobilier avec les autres investissements afin de comprendre pourquoi l'immobilier est si prisé. Cela vous permettra de saisir ses avantages et sa puissance.

Actions, obligations, or et immobilier

En finance, nous appelons classe d'actif les différents outils qui sont à notre disposition pour investir. Ici, nous comparerons donc l'immobilier avec les classes d'actifs les plus communs et populaires, à savoir les actions, les obligations et l'or.

Les actions sont des parts d'une entreprise. En tant qu'actionnaire, vous possédez une partie de l'entreprise, ce qui vous donne droit à une part des bénéfices générés : ce sont les dividendes.

Les actions cotées s'échangent sur un marché commun appelé une bourse. Vous pouvez devenir aujourd'hui copropriétaire de Coca-Cola ou Microsoft en achetant des actions de ces entreprises. C'est sans doute la classe d'actif la plus populaire mais elle a malheureusement bien des défauts, comme nous allons le voir.

Les obligations sont des emprunts que vous faites à un État ou à une entreprise. Lorsque vous achetez une obligation de la République Française par exemple, vous êtes en train de prêter de l'argent à l'État français. En tant qu'emprunteur, vous percevez des intérêts régulièrement et recevez le remboursement du capital à l'échéance de l'obligation, ce qui se produit en général des années plus tard.

Vous serez sans doute surpris d'apprendre que vous avez investi indirectement dans des obligations sans le savoir. En effet, les caisses de pension à laquelle toute personne salariée cotise sont très friandes d'obligations car elles sont considérées comme sûres (à tort).

L'or est le métal que nous connaissons tous, et nous sommes tous d'accord pour dire qu'il est précieux et cher. Il a aussi la réputation d'être une valeur refuge, ce qui veut dire que c'est un bon investissement en temps de crise. Lors du 11 septembre 2001 ou lors de la crise du Covid-19, des millions d'investisseurs se sont rués vers l'or, espérant ainsi que leur argent serait protégé des aléas du monde économique. Le métal jaune est également recherché par ceux qui souhaitent se protéger de l'inflation.

Finalement, nous avons l'immobilier. L'investissement immobilier consiste à acheter un bien d'habitation et de le louer. La plupart du temps, ceux qui achètent un bien immobilier le font avec une hypothèque, c'est-à-dire qu'ils paient une partie du prix de l'immeuble de leur poche (ce qu'on appelle fonds-propres) et se font financer le reste par une hypothèque.

Nous verrons plus tard que la plus grande force de l'immobilier est sa capacité à générer un revenu passif.

Achetez-vous du papier ou de la pierre ?

Comme on l'a vu précédemment, il est impératif de faire travailler votre argent. Mais il y a différentes façons de le faire travailler, avec différentes sources de rendement. On peut définir trois grandes sources de rendement :

- L'appréciation
- Le revenu passif
- La protection du capital

Penchons-nous sur eux point par point :

L'appréciation s'effectue quand vous achetez un investissement à un certain prix et que son prix augmente. Par exemple, si vous achetez une action de l'entreprise Apple aujourd'hui pour 100 CHF et que vous la vendez un an plus tard pour 150 CHF, vous aurez fait une appréciation de 50 CHF (150-100). C'est une plus-value, et cela fonctionne également pour de l'immobilier (s'il y a vente du bien).

Le revenu passif est l'argent que vous recevez régulièrement grâce à votre investissement. Par exemple, si vous achetez un immeuble pour 500'000 CHF, il pourra vous procurer un revenu passif d'environ 25'000 CHF par an, provenant du loyer que les locataires vous paient en contrepartie de l'utilisation du bien.

Enfin, la protection de capital permet de protéger votre argent contre les crises économiques ou l'inflation. Comme décrit plus tôt, l'or peut vous procurer une certaine protection car son prix a tendance à rester stable, et peut même augmenter durant les crises ou lorsque l'inflation est élevée.

C'est sur ces trois axes que nous allons comparer les actions, les obligations, l'or et l'immobilier à l'aide du tableau suivant. Vous pouvez constater qu'il y a une quatrième ligne dans le tableau appelée « enrichissement gratuit ». Nous parlerons de ce concept un peu plus loin.

1. Les actions

	Actions	Obligations	Or	Immobilier
Appréciation	✓			
Revenu passif	~			
Protection de capital	✗			
Enrichissement gratuit	✗			

Commençons par les actions, étant donné qu'elles sont si populaires. Comme vous pouvez le constater avec les signes, la seule chose qu'elles font bien, c'est de fournir de l'appréciation. Il est vrai qu'au fil des ans, le prix des actions augmente, et une action individuelle peut avoir énormément de gain potentiel.

Cependant, l'appréciation des actions varie beaucoup d'une année à l'autre. Lors de l'année 2021 par exemple, les actions américaines ont augmenté dans leurs ensembles de plus de 26 % avant de lamentablement perdre 19 % de leur valeur au cours de l'année 2022. Pire encore, durant l'année 2008, plus de 46 % de la valeur des actions américaines est partie en fumée pendant la crise des subprimes. Cette volatilité est encore plus extrême quand on analyse les actions individuelles. L'action d'Apple, par exemple, s'est multipliée en 10 ans. Mais en réalité, pour chaque action ultra-rentable comme celle d'Apple, il y en a cinq actions qui s'écrasent lamentablement.

Enron, Etoys, Lehman Brothers, Credit Suisse, tous ces noms vous disent quelque chose ? Ce sont toutes des entreprises qui ont fait faillite et dont le prix est tombé à zéro, traduisant une perte de 100%, et des milliards de dollars envolés.

Tout cela pour dire que, oui, les actions ont un très grand potentiel lorsqu'il s'agit de l'appréciation mais cela implique un risque de perdre de l'argent qui est très important.

Vous remarquerez que j'ai marqué avec un signe approximatif la case du revenu passif. Certaines actions peuvent vous procurer un petit revenu régulièrement comme nous l'avons vu, sous forme de dividende donc. Cependant, la plupart des entreprises ne versent plus de dividende de nos jours et même celles qui versent un dividende ont une rentabilité très faible, en moyenne autour des 2 % par an. Cela veut dire que si vous avez acheté une action pour 100 CHF, vous recevrez chaque année 2 CHF. En plus, le dividende est très imprévisible car les dirigeants de l'entreprise peuvent à tout moment décider de le réduire ou même de l'éliminer complètement, afin de le réinvestir ou faire face à des difficultés financières.

Finalement, les actions ne protègent pas votre capital. Au contraire, lors de crises, les actions ont tendance à chuter.

2. Les obligations

	Actions	Obligations	Or	Immobilier
Appréciation	✓	✗		
Revenu passif	~	~		
Protection de capital	✗	✗		
Enrichissement gratuit	✗	✗		

Comme vous pouvez le voir sur le tableau, les obligations vous apportent un peu de revenu passif et c'est tout. Bien sûr, je caricature, mais l'énorme majorité des obligations apportent un revenu bien maigre et peu de perspectives d'appréciation. Pour vous donner un ordre d'idée, une obligation émise par l'État français remboursant l'argent dans 10 ans vous apporte en ce moment un rendement de 2.7 % par an.

C'est bien peu quand on le compare aux rendements qu'on peut atteindre avec l'immobilier et ce n'est souvent pas suffisant pour compenser l'inflation, surtout par les temps qui courent. Vous comprendrez facilement qu'il n'est pas très intéressant de gagner 2.7 % quand l'inflation et de 8 %.

Pour ne pas embellir le tableau, rappelons que les obligations protègent très mal votre capital. Elles sont très fortement touchées par l'inflation. Et pourtant, les fonds d'investissement et les caisses de pension investissent la majeure partie de leur argent (qui, je le rappelle, est le vôtre) dans des obligations.

3. L'or

	Actions	Obligations	Or	Immobilier
Appréciation	✓	✗	~	
Revenu passif	~	~	✗	
Protection de capital	✗	✗	~	
Enrichissement gratuit	✗	✗	✗	

Il semblerait que l'or n'excelle dans aucun domaine, si ce n'est dans l'inconscient des investisseurs en herbe (ou des doyens).

Si on commence par l'appréciation, l'or va probablement vous en apporter très peu car son prix fluctue autour d'une moyenne de long terme : si sa valeur s'apprécie avec le temps, c'est au bout de 10 ans que vous aurez une réelle différence (en admettant qu'il fluctue toujours de la même façon).

Dix ans, c'est long. Et voilà ce que ça donne en graphique.

Prix de l'or par once troy - USD

Source : Bloomberg, Datastream, ICE Benchmark Administration, World Gold Council

Pas très intéressant côté appréciation du capital donc. En ce qui concerne le revenu passif c'est encore pire parce qu'investir dans l'or va en fait vous coûter de l'argent régulièrement car (à moins que vous gardiez l'or sous votre matelas), il faudra qu'il soit entreposé quelque part, avec les frais de gardiennage que cela inclut.

Mais tout cela importe peu, car l'intérêt d'investir dans l'or c'est de protéger son argent contre l'inflation. Mais alors, ça marche, non ?

En partie seulement. L'or a tendance à fluctuer de façon aléatoire, sans nécessairement compenser l'inflation. Durant l'année 2022 par exemple, lorsque l'inflation battait son plein, le prix de l'or a stagné et a même chuté durant certains mois, ne compensant pas convenablement contre l'inflation. Il faudra donc s'en servir comme couverture et diversification de portefeuille, mais seul, l'or n'est pas si intéressant. Conclusion, investir une partie de son épargne en or peut être intéressant mais le métal jaune ne vous aidera pas à augmenter vos revenus.

4. L'immobilier

	Actions	Obligations	Or	Immobilier
Appréciation	✓	✗	~	✓
Revenu passif	~	~	✗	✓
Protection de capital	✗	✗	~	✓
Enrichissement gratuit	✗	✗	✗	✓

Nous sommes arrivés à notre favori. Objectivement (mais avec un peu de subjectivité quand même), l'immobilier fait un bon travail sur les trois axes, car il procure de l'appréciation, du revenu passif, de la protection et ce que j'appelle de l'enrichissement gratuit.

Premier gros avantage, l'immobilier vous apportera de l'appréciation de façon stable. En Suisse par exemple, les prix augmentent en moyenne de 2 % par an[5]. Cependant, le risque de l'immobilier est moindre puisque les prix sont plus stables, et que l'investissement est concret (il ne se volatilisera pas).

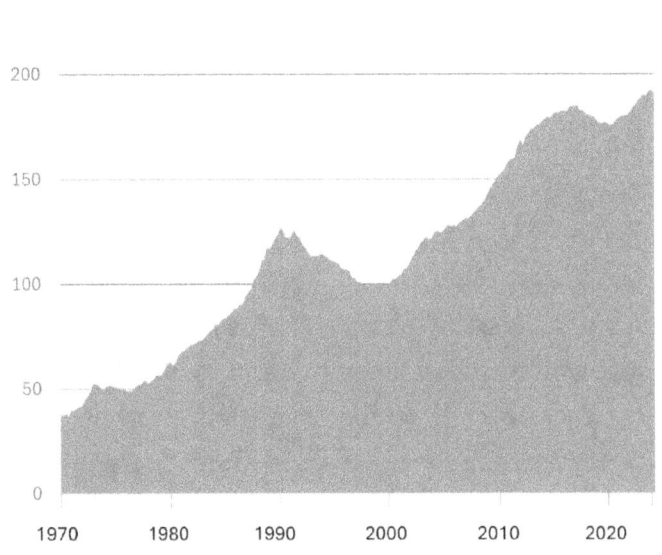

Indices des prix de biens immobiliers résidentiels pour la Suisse (BNS)

Residential property prices - Privately owned apartments
Wüest Partner - Asking price EPB@SNB.plimoinchq{EW,AP}

Source : BNS portail[6]

Le revenu passif est l'atout ultime de l'immobilier (mais pas le seul). En investissant dans un bon immeuble, vous pouvez compter sur un revenu qui rentre dans votre compte en banque tous les mois de manière prévisible. Typiquement, vous pourrez toucher entre 5 et 7 % de votre investissement grâce au loyer perçu[7]. Comparez cela avec le petit 2 % versé par les actions.

Mais ce n'est pas tout, car l'immobilier est aussi une excellente protection contre l'inflation car les loyers et le prix des logements ont tendance à toujours suivre l'inflation. Certes, en cas de crise, les prix de l'immobilier peuvent prendre un petit revers mais jusqu'à une certaine limite car nous aurons tous toujours besoin de nous loger.

En plus, les revenus générés par un immeuble permettent de surmonter avec aisance des baisses de prix temporaires.

Cerise sur le gâteau, l'immobilier vous enrichit gratuitement. Cela se produit si vous investissez dans un immeuble avec une hypothèque (comme c'est le cas de la majorité des immeubles). Vous payez une partie de l'immeuble de votre poche, en fonds-propres et le reste est financé par une hypothèque, de la dette. Comme toute dette, vous devez la rembourser. Mais la magie c'est que vous ne remboursez pas avec de l'argent de votre propre poche, vous remboursez avec une partie de l'argent que vous recevez des loyers ! Résultat ? Vos fonds-propres ont augmenté sans investissement supplémentaire de votre part, d'où l'enrichissement gratuit.

Illustrons cela avec un exemple. Imaginons que vous achetez un immeuble pour 500'000 CHF. Vous payez 100'000 CHF de votre poche, ce sont les fonds propres. Les 400'000 restants sont financés par une hypothèque. Supposons que vous devez rembourser 20'000 CHF chaque année. Après seulement cinq ans, vous aurez remboursé 100'000 CHF d'hypothèque avec une partie des loyers, ce qui fera passer vos fonds propres à 200'000 CHF. Conclusion, vous avez 100'000 CHF qui sont tombés du ciel !

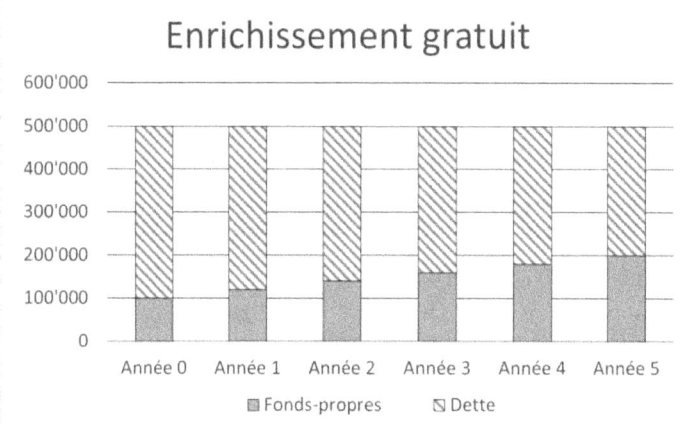

Enrichissement gratuit

Quand on comprend les différentes façons dont l'immobilier fait travailler notre argent, il est difficile de voir comment les autres classes d'actif peuvent la concurrencer.

En tenant compte de l'appréciation, du revenu passif, de la protection et de l'enrichissement gratuit, un investissement immobilier vous offre facilement un rendement entre 6 % et 9 % par an. Le tout avec un risque très faible car les prix sont stables et vous avez une source de revenu constante pour faire face aux éventuels imprévus.

En sachant tout cela, la phrase d'Andrew Carnegie, un magnat de l'industrie émergente américaine du XIXᵉ siècle, n'est pas surprenante :

« *Le jeune salarié sage d'aujourd'hui investit son argent dans l'immobilier* »

Revenu Passif vs Appréciation

Je me permets de faire un court aparté sur le revenu passif et l'appréciation. Quand les gens pensent à investir, ils pensent le plus souvent à l'appréciation. Ils souhaitent acheter un actif à un certain prix et le revendre plus tard à un prix plus élevé, empochant ainsi un bénéfice. Cependant, l'appréciation n'est pas forcément le meilleur moyen pour acquérir sa liberté financière. Pourquoi ? Tout simplement car elle ne représente pas un revenu disponible.

Reprenons nos deux personnes de référence : Paul et Catherine. Paul a investi 10'000 CHF sur l'action d'une entreprise technologique prometteuse. Catherine, elle, choisit une alternative plus classique et investit 10'000 CHF dans un immeuble de rendement avec plusieurs autres investisseurs.

Après un an, Catherine a eu un rendement de 6 % grâce aux loyers de son immeuble. Elle a donc eu un revenu de 600 CHF. Pendant ce temps-là, les marchés boursiers vont bon train et l'action de Paul a augmenté de 20 %. Sur le papier, son gain est de 2'000 CHF (20 % x 10'000 CHF).

On est tenté de dire que Paul s'en sort mieux que Catherine, mais est-ce vraiment le cas ? Pas forcément. Les 2'000 CHF de gains ne sont pas réalisés, ce n'est pas de l'argent « à la banque ». Pour transformer cet argent en liquide, Paul doit vendre ses actions, tandis que Catherine reçoit ses 600 CHF directement sur son compte bancaire.

Regardons ce qu'il se passe un an plus tard. Catherine reçoit à nouveau 600 CHF à la banque grâce à son investissement immobilier. Parallèlement, le vent a tourné sur le marché boursier, et l'action que Paul avait achetée a perdu 16% de sa valeur comparée à l'année précédente.

Les 2'000 CHF qu'il avait gagnés l'année précédente se sont donc évaporées (16 % x 12'000 CHF). Bilan des courses, durant ses deux années, Catherine a reçu 1'200 CHF sur son compte en banque et Paul est de retour à la case départ, c'est-à-dire à zéro.

Cette histoire vous semble un peu tirée par les cheveux ? Eh bien, ce n'est pas une histoire, c'est un fait réel. Le Paul que je connais dans la vraie vie avait investi son argent dans l'action d'une entreprise pharmaceutique appelée Novavax. Et lors de la deuxième année, l'action n'avait pas perdu « seulement » 16 % de sa valeur mais 43 %. Le vrai Paul a donc perdu de l'argent sur ces deux années.

Tout cela pour vous dire que le revenu passif a des avantages indéniables comparés à l'appréciation. Le premier est plus prévisible et stable, ce qui vous permet de mieux organiser vos finances et un jour, espérons-le, vivre uniquement de vos revenus passifs, chose qui est difficilement réalisable avec l'appréciation. Mieux encore, le revenu passif a tendance à être moins taxé que l'appréciation. La législation change d'un pays à l'autre mais cela reste souvent le cas.

De plus, le revenu passif demande moins d'effort. Comme on peut le voir avec l'histoire de Paul, il faut vendre pour transformer du revenu passif en argent à la banque, ce qui demande bien plus de temps, et s'apparente à un risque. Je vous le dis par expérience, acheter et vendre des actions est un job à temps plein, c'est loin d'être passif.

Pour ne pas arranger les choses, faire de nombreuses transactions augmente sensiblement le risque de commettre une erreur et de donc perdre vos gains précédents. Ce que j'aime avec le revenu passif, c'est qu'une fois gagné, rien ne peut vous le retirer. Ce revenu vous donne aussi plus de flexibilité, vous pouvez soit le réinvestir soit le dépenser.

Cas pratique : Paul investit dans du papier, Catherine achète de la pierre

Avant de continuer, je vais vous présenter un cas pratique qui montre pourquoi l'immobilier de rendement est si prisé. Cette fois, c'est Paul qui investit dans des actions et Catherine investit dans l'immobilier. Chacun d'entre eux investissent 1'000 CHF par mois et ils ont un rendement de 6 % chacun. D'ailleurs, 6 % est le rendement moyen des actions sur le long terme, et c'est aussi le rendement considéré comme standard pour un investissement immobilier.

Que se passe-t-il 30 ans plus tard ? Paul et Catherine ont tous les deux une fortune de 948'698 CHF. C'est pas mal, non ? Ils sont tous les deux presque millionnaires.

Cependant, il y a une énorme différence entre Paul et Catherine. Paul n'a aucune liquidité. Tout cet argent est sur papier uniquement et il ne reçoit que peu de revenu (voire aucun). S'il veut que ce soit de l'argent à la banque, il doit tout vendre. C'est ce qui arrive à beaucoup d'investisseurs, ils construisent une belle fortune et ensuite, ils vendent toutes leurs actions, mais que faire après ?

Dans la plupart des cas, l'argent reste à la banque et est grignoté pendant des années jusqu'à ce qu'il ne reste rien… dommage. L'inflation n'arrange rien, et mettons que Paul laisse son argent dormir pendant 30 ans : le taux d'inflation a grimpé de 19.9 % depuis 1993 jusqu'en 2023. Paul aurait largement perdu au change. Mais que se passe-t-il pour Catherine ?

La situation est différente. Étant donné qu'elle a investi dans l'immobilier, elle reçoit un revenu passif de 6% par an. Après 30 ans, non seulement elle a accumulé une fortune de presque 1 million de francs, mais elle perçoit également un revenu de 56'921 CHF par an. Comme vous pouvez le constater, Catherine a bien plus d'options que Paul. Si elle le souhaite, elle peut continuer à investir. Si elle continue 5 ans de plus, elle aura un revenu passif de 78'000 CHF grâce à ses investissements.

Catherine n'est pas obligée de vendre, car elle perçoit un revenu passif. Plus tard, elle pourra transférer cette fortune et ce revenu passif à ses enfants, tandis que Paul aura probablement dépensé tout ou une grande partie de sa fortune (et sera taxé lorsqu'il vendra ses actions).

En somme, disposer d'un revenu passif vous donne bien plus d'options que l'appréciation, ce qui explique pourquoi l'immobilier est un investissement si prisé.

L'immobilier résidentiel

Maintenant que vous avez pu avoir le détail des atouts de l'immobilier, allons plus loin.

Pour faire simple, il y a trois types d'immeubles : les immeubles résidentiels, commerciaux et industriels.

L'immobilier résidentiel est simplement construit pour que des gens y habitent. Dans les immeubles commerciaux, on y trouve les bureaux et les commerces comme les magasins ou les kiosques. Finalement, les immeubles industriels y abritent des usines, des ateliers ou des entrepôts.

La méthode de l'autoroute consiste donc à investir dans les immeubles résidentiels car, à nouveau, il s'avère qu'ils satisfont au mieux nos objectifs, c'est-à-dire d'obtenir une méthode fiable, simple et peu chronophage.

Certes, l'immobilier commercial et industriel peuvent potentiellement vous faire gagner plus d'argent. Mais la question est, voulez-vous vraiment en payer le prix ? Ce genre d'immeuble est un investissement bien plus risqué car vous avez en général peu de locataires et si l'un d'entre eux part ou fait faillite, vous aurez sans doute bien plus de mal à trouver un remplaçant que s'il s'agissait d'un immeuble résidentiel.

Forcément, la demande est différente. Il n'est pas rare que des bureaux soient inoccupés pendant des mois, voire des années. En plus, vous serez bien plus exposé aux fluctuations économiques car vos locataires sont des entreprises.

Exemple : Imaginez que vous possédez un grand local industriel où une entreprise de coupe de bois s'y est installée. S'ils font faillite lors d'une crise économique, combien de temps faudra-t-il pour trouver un nouveau locataire ? Beaucoup de temps, durant lequel vous aurez des factures à payer… et pas de loyer pour les couvrir.

Cependant, il nous faudra toujours un endroit où vivre, peu importe la santé générale de l'économie. C'est pourquoi les immeubles résidentiels sont plus sûrs et offrent un rendement bien plus stable. En plus, les contrats de location résidentiels sont plus encadrés légalement, ce qui rend la gestion plus simple et les mauvaises surprises moins fréquentes. La seule petite exception serait un immeuble résidentiel qui a un kiosque ou un petit magasin au rez-de-chaussée.

Toutefois, il faut faire attention à un détail lorsqu'on achète un immeuble résidentiel.

L'état de l'immeuble

Je me souviens quand je m'apprêtais à faire ma première affaire immobilière. Il s'agissait d'un immeuble de 5 appartements dans un très bon quartier de ma ville d'origine. J'avais réussi à négocier un prix considérablement plus bas : les propriétaires ont accepté de baisser leur prix de 980'000 CHF à 720'000 CHF, soit une baisse de 16 % ! J'étais convaincu d'avoir touché le jackpot.

Jusqu'au jour où j'ai vu les frais d'entretien.

C'était ahurissant. Presque tout le revenu de l'immeuble était parti en frais d'entretien durant les dix dernières années. Les propriétaires n'avaient quasiment aucun bénéfice depuis le début à cause des réparations qu'ils devaient faire en permanence. Il faut préciser qu'il s'agissait d'un immeuble de 1901 qui n'avait jamais été entièrement rénové.

Et c'est à ce moment que j'ai compris qu'il valait mieux investir dans des immeubles en bon état. Et par bon état, j'entends soit un immeuble construit récemment, c'est-à-dire dans les 10 ou 15 dernières années maximum, soit un immeuble plus ancien mais qui a été totalement rénové dans les 10 dernières années.

Sinon, vous aurez les mêmes difficultés que les propriétaires que j'ai mentionnés plus haut. Avec un immeuble ancien, vous pouvez être certain que vous aurez une réparation tous les mois, grand minimum.

Un jour, il s'agira d'un robinet, la semaine suivante ce sera une fenêtre qu'il faudra changer et le mois d'après, vous aurez une énième surprise quand vous devrez payer les frais de rénovation du toit, s'élevant très souvent à 5 chiffres. Vous aurez investi votre argent pour augmenter votre revenu mais l'immeuble sera en fait une fournaise qui incinèrera vos revenus issus des loyers, à cause des frais de réparation constants.

Si vous voulez éviter ces désagréments, achetez un immeuble en bon état, selon les critères définis précédemment. Oui, tôt ou tard, il y aura des réparations à faire, mais vous serez sans doute très peu dérangé pendant les 10 à 15 premières années, ce qui est suffisant pour mettre de côté un peu du revenu de l'immeuble chaque mois afin de couvrir les frais, tout en conservant de confortables marges.

Au moins 3 appartements

Grant Cardone est un célèbre formateur en marketing américain. Son activité d'investissements immobiliers, elle, est cependant bien moins connue. Il gère aujourd'hui plus d'un milliard de dollars américain en termes d'investissements immobiliers. Il a commencé depuis tout en bas, et comme la plupart des novices, il a commis l'erreur de viser de petits investissements.

Jeune et avec un capital limité, il a acheté ce qu'il pouvait : une petite maison individuelle vieillotte. Après l'avoir remise au goût du jour, Cardone a trouvé ses locataires idéales : une dame responsable accompagnée d'une jeune étudiante charmante. Il pensait avoir fait une bonne affaire. Il avait acheté la maison à un prix intéressant, l'avait retapé et l'a rapidement loué, lui donnant un beau rendement. Son bonheur n'a malheureusement pas duré. Rapidement, les locataires ont fait ce que tous les locataires font : réclamer des petites retouches.

Après avoir assouvi le moindre de leurs désirs pendant des mois, Grant Cardone a été abattu le jour où les deux femmes ont décidé de quitter les lieux. Plusieurs mois se sont écoulés avant qu'il puisse trouver un nouveau locataire et une fois que cela a été fait, il a immédiatement vendu la maison et s'est promis de ne plus jamais investir dans des maisons individuelles.

Cette histoire parle d'elle-même : investir dans une maison individuelle ou dans un seul appartement a des inconvénients majeurs. Le premier est que vous vous exposez à un risque plus élevé de n'avoir aucun locataire à un moment donné.

Si vous avez un immeuble de 3 appartements, la probabilité de n'avoir aucun locataire est logiquement bien plus basse.

De plus, dans l'immobilier, plus c'est grand, mieux c'est. Si vous possédez un grand immeuble, vous bénéficierez non seulement d'un « risque locatif » moins élevé, mais aussi d'économies d'échelles qui vont accroître votre rentabilité. En plus de cela, vous atteindrez une taille critique suffisante pour engager une gérance qui pourra gérer les locataires et l'immeuble à votre place, vous libérant du temps et vous épargnant du stress.

Un grand immeuble sera aussi plus facile à acquérir car il y aura moins d'investisseurs potentiels. Je me souviens qu'un jour, j'ai visité un petit immeuble de trois appartements qui se vendait pour un peu moins de 600'000 CHF. Ce fut une visite collective et j'ai été impressionné par le nombre de personnes présentes.

Il devait y avoir au moins 15 personnes intéressées. Le matin suivant, j'ai téléphoné à la propriétaire afin de savoir si elle était disposée à négocier le prix et elle m'a annoncé (à mon grand effarement) que l'immeuble avait été vendu 10 minutes après la visite pour un prix au-dessus du prix demandé. Soit dit en passant, acheter au-dessus du prix demandé est un des péchés capitaux de l'investissement immobilier. Nous y reviendrons plus tard.

Tout cela pour dire que plus un immeuble est petit et peu cher, plus il y aura de concurrence pour l'acquérir, ce qui aura un effet négatif sur la rentabilité. C'est encore pire si vous décidez d'investir dans un appartement ou une maison individuelle car en plus des autres investisseurs, vous serez en concurrence avec les personnes qui souhaitent acheter le bien pour y vivre.

C'est pour toutes ses raisons que cette méthode préconise d'investir dans des immeubles de minimum 3 appartements. Bien sûr, si vous le pouvez, achetez un immeuble avec 6, 8 ou 10 appartements car encore une fois : « Plus c'est grand, mieux c'est ! ».

Mais je sais déjà ce que certains d'entre vous sont en train de se demander : « Comment puis-je acheter un immeuble d'au moins 3 appartements ? Je ne suis pas riche ! ».

En réalité, il est préférable de posséder 10 % d'un bon immeuble que 100 % d'un immeuble médiocre, même si cela implique d'investir avec d'autres. Il existe aussi des plateformes d'investissements immobiliers, qui donnent accès à des immeubles intéressants pour les petits investisseurs.

D'ailleurs, la plateforme que j'ai développée propose exactement cela. Vous pouvez investir à partir de 1'000 francs dans des immeubles de qualité en seulement quelques clics. Si vous voulez en savoir davantage, je vous invite à visiter le site internet **Terys.ch** ou à vous rendre à la fin de ce livre pour avoir plus de détails.

Les bons voisins

Les perspectives de rendement étaient grandioses. Je pensais avoir déniché la perle rare et j'étais très enthousiaste lorsque je suis monté dans ma voiture pour visiter l'immeuble en question. J'ai vite déchanté quand j'ai vu les alentours de l'immeuble, qui semblaient être (très) mal fréquentés. Les choses ne se sont pas arrangées quand on a visité les appartements.

Ils étaient modestes et on pouvait sentir que le propriétaire économisait le moindre centime en achetant les matériaux les moins chers possible. La plupart des appartements étaient vides et dans un état déplorable, littéralement saccagés par les anciens locataires. Le peu de personnes qui restaient n'étaient pas contents du voisinage et ceux qui le pouvaient préparaient leur départ.

Quiconque a étudié ne serait-ce que vaguement les investissements immobiliers a entendu que les trois choses les plus importantes dans l'immobilier sont :

Le lieu, le lieu et le lieu

Pour être franc, cet adage n'est pas complètement faux mais il peut donner une vision erronée. La première fois que j'ai entendu ça, je croyais qu'il ne fallait qu'investir dans le centre-ville des villes importantes. Mais la réalité est un peu plus nuancée. Vous ne devez pas forcément investir dans des immeubles aux Champs-Élysées de Paris ou à la Parade Platz de Zurich. Il est mieux d'investir dans une bonne affaire dans un lieu qui est simplement « bon » que d'investir dans une affaire médiocre dans le « meilleur » lieu. Le lieu est primordial, mais il n'est pas le seul critère.

Les immeubles peuvent être considérés comme faisant partie d'un bon voisinage quand :
- Il se situe dans une ville qui n'est pas en décroissance
- Dans un quartier qui n'est pas indésirable

Remarquez comment les deux critères sont formulés, c'est important. Tout d'abord, vous avez intérêt à ce que l'immeuble dans lequel vous investissez se trouve dans une ville qui n'est pas en décroissance. Ce qui signifie qu'il ne vous faut pas forcément investir dans les villes les plus grandes et les plus dynamiques. Tant que la ville en question n'est pas en décroissance, c'est bon signe. Cela implique aussi de ne pas investir dans les villes qui sont en crise, même si la rentabilité peut paraître très attrayante. Ma ville d'origine est un exemple qui illustre très bien ce piège.

Elle a connu des difficultés économiques pendant de nombreuses années. Étant donné le chômage élevé, les impôts importants et le manque général de perspective, des centaines (parfois même des milliers) de personnes quittent la ville chaque année.

Les immeubles de rendement de cette ville offrent des perspectives de rendement alléchantes qui sont bien au-dessus de ce qu'on pourrait trouver ailleurs en Suisse. Cependant, c'est un piège, car souvent, cette rentabilité attractive ne se réalise pas, en raison du grand nombre d'appartements vacants, ce qui augmente le risque de ne pas trouver de locataires.

En ce qui concerne le deuxième point, il est mieux d'acheter un immeuble qui soit dans un quartier convenable. Il ne s'agit pas non plus d'investir dans le quartier le plus chic du pays, mais d'éviter les mauvais quartiers, où le chômage et la criminalité y sont élevés, où les infrastructures publiques sont médiocres, etc.

Pour conclure, je vous suggère d'investir dans des immeubles résidentiels qui se trouvent dans une ville et un quartier où il fait bon vivre et où les gens veulent s'installer.

J'ajouterai aussi que le plus souhaitable est que les appartements qui constituent l'immeuble soient dans la moyenne, c'est-à-dire des appartements qui ne sont ni trop luxueux ni trop bon marché.

Les premiers sont trop difficiles à louer, et engendrent une exigence des locataires accrues, tandis que les seconds ont tendance à attirer des locataires « conflictuels » qui ne prennent pas soin du logement, qui ne paient pas leurs loyers à temps, etc.

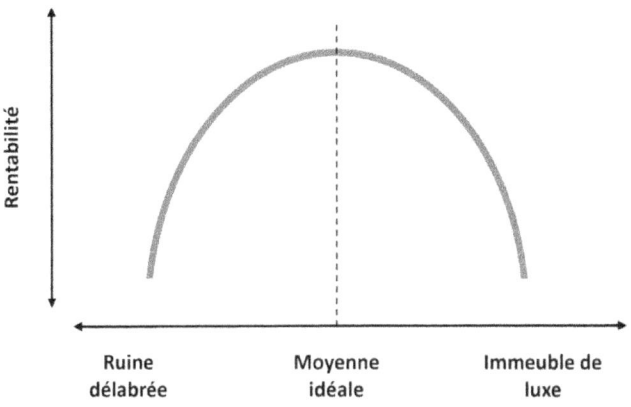

Pour maximiser votre rendement, faites en sorte d'investir dans des immeubles qui ont des appartements qui sont dans la moyenne, ni plus ni moins.

Les techniques exotiques

J'ai découvert bon nombre de techniques d'investissements immobiliers exotiques après de longues années à étudier le sujet. Pour vous donner un exemple, une de ces stratégies consiste à louer un appartement pour le sous-louer sur Airbnb afin de dégager un bénéfice de quelques centaines de francs par mois. Ou encore d'acheter une option d'achat sur un immeuble et trouver quelqu'un d'autre rapidement qui veuille acheter l'immeuble en question pour un prix plus élevé.

Quelle que soit la technique en question, elle nécessite plus d'effort et de travail à réaliser comparée à la méthode de l'autoroute (d'où ce nom) et elles ne vous donnent souvent pas l'occasion de construire votre fortune par les quatre axes qu'on a vus plus tôt, à savoir l'appréciation, le revenu passif, la protection du capital et l'enrichissement gratuit.

Je ne cherche pas à vous décourager, cependant, je vous recommande fortement d'appliquer la méthode de ce livre en parallèle et en priorité afin d'avoir une base solide, sur lesquelles d'autres méthodes peuvent venir se reposer, dont des méthodes exotiques, si c'est votre souhait.

Je ne pourrais pas écrire un livre sur les investissements immobiliers sans mentionner la rénovation ou la promotion. Ce sont aussi des techniques et des domaines de compétences indispensables à maîtriser.

La rénovation consiste à acheter un immeuble ou une maison vieillotte ou en mauvais état, de la rénover puis de la revendre pour un bénéfice (comme Grant Cardone). La promotion va encore plus loin, en achetant un terrain à bâtir et en construisant un immeuble tout neuf. Ces façons de procéder peuvent avoir beaucoup de potentiel et vous faire gagner beaucoup d'argent rapidement mais avant de vous y aventurer, sachez que cela demande beaucoup d'effort, de connaissances et de temps. Si vous êtes salarié, ce type d'activité exige de sacrifier presque tout votre temps libre. Et c'est sans parler du stress inhérent à ce type d'investissement.

Pour ces raisons, si vous choisissez cette voie, je vous recommande de continuer à appliquer la méthode de ce livre en parallèle.

Avez-vous apprécié la lecture jusqu'ici ? Si c'est le cas, je prends un moment pour vous inviter à vous abonner à ma chaîne YouTube, où je propose de nombreux contenus sur l'immobilier, l'investissement et d'autres sujets :

COMMENT SE LANCER ?

Se lancer paraît simple, mais c'est en réalité ce qui fait le succès de nombreux entrepreneurs, hommes d'affaires et stars : l'art de se lancer.

L'immobilier ne fait pas exception : peu importe que vous ayez maintenant les connaissances nécessaires afin de commencer votre aventure, vous devez vous lancer. Si Warren Buffet avait commencé plus tard, il aurait peut-être attendu encore 10 ans avant de devenir l'une des plus grandes fortunes mondiales.

Si Grant Cardone n'avait pas investi rapidement, en étant jeune, il n'aurait pas commis l'erreur d'investir dans une vieille bicoque. Mais il n'aurait pas appris de cette erreur, et il est probable qu'il l'aurait faite plus tard. Et il aurait alors perdu plus d'argent.

C'est pour cela que cette partie vous aidera. Il existe trois principales façons d'investir dans l'immobilier :
- Acheter un immeuble soi-même
- Investir dans un fonds immobilier
- Investir sur une plateforme participative (ou crowdfunding[8])

Chaque méthode a des avantages et des inconvénients. Nous allons explorer comment procéder pour acheter un immeuble soi-même et comment investir sur les plateformes participatives. Je prendrai aussi l'occasion de vous parler brièvement de ma plateforme **Terys.ch**, qui peut vous faciliter la vie afin d'entamer votre aventure.

Avant toute chose : les fonds d'investissements classiques, selon moi, sont une option peu intéressante. C'est pourquoi nous n'en parlerons pas en détail dans ce livre.

Quand vous investissez dans un fonds immobilier, votre argent est mis dans une sorte de pot commun que des gérants utilisent ensuite pour investir dans l'immobilier. Le plus souvent, ces fonds sont cotés en bourse et si vous voulez investir, il vous faut acheter les actions du fonds.

Dans certains cas, ils procurent un revenu passif assez intéressant, mais cette alternative demeure peu attrayante la plupart du temps. Premièrement, les actions sont cotées en bourse, ce qui vous expose aux aléas des marchés boursiers. Votre action peut très bien perdre de sa valeur tout simplement parce qu'il y a un moment de panique sur les marchés, comme cela s'est produit au début de l'année 2020 ou tout au long de l'année 2022, et ce même si l'immobilier possédé par le fonds donne de bons résultats. Pour les mêmes raisons, ces fonds ne protègent pas autant votre capital que si vous l'achetiez vous-même.

Autre problème avec les fonds, vous ne profitez pas autant de l'enrichissement gratuit qu'en investissant vous-même ou sur une plateforme participative. On peut aussi mentionner les frais élevés car il faut bien couvrir les charges opérationnelles et rémunérer les gérants du fonds, qui prennent en général des frais fixes et une part des bénéfices générés par le fonds.

Pour toutes ces raisons, je vous déconseille donc d'opter pour cette voie, surtout lorsque vous commencez. Vous verrez : les autres options sont plus avantageuses.

Acheter votre premier immeuble

Avant de commencer, je souhaite signaler que ce chapitre est un condensé de ce qu'il faut faire pour acheter un immeuble de rendement. Des livres entiers sont dédiés à ce sujet et vont plus loin dans les détails. Je ne vous conseille pas d'essayer de devenir un expert dans tout, et d'apprendre à connaître les différents types de carrelage, de plomberie, etc.

Il est plus avisé de connaître les bases, et de vous faire accompagner par des experts (architecte, ingénieur civil ou investisseur expérimenté) pour la suite. Ils pourront vous conseiller sur tout le processus et vous fourniront des résultats bien meilleurs que si vous essayez de tout faire vous-même. Ce chapitre vous permettra donc d'avoir une compréhension suffisante et de pouvoir juger si une affaire est intéressante ou non.

Si vous voulez acheter votre propre immeuble, vous avez quelques tâches à accomplir :

1. Définir vos critères
2. Visiter des immeubles
3. Calculer la rentabilité
4. En choisir deux ou trois
5. Approuver une hypothèque
6. Négocier, faire une offre et acheter
7. Engager une gérance

1. Définir vos critères

La première est de définir précisément ce que vous voulez acheter. Faites une liste en écrivant les critères suivants :

- Prix d'achat ciblé (en fonction de vos montants disponibles)
- Lieu (ville et quartiers)
- Nombre d'appartements (minimum 3)
- Rentabilité minimum

Faites en sorte de garder des critères réalistes et cohérents par rapport à l'état du marché.

2. Visiter des immeubles

Après avoir trié les annonces, place à la visite des immeubles présélectionnés. Il est bon d'en visiter plusieurs afin de ne pas « tomber amoureux » avec un des immeubles, et de garder plus d'alternatives.

Je vous conseille grandement de faire la visite avec un architecte ou un ingénieur civil. Ce dernier pourra détecter d'éventuelles malfaçons ou des grosses rénovations qu'il faudra faire bientôt (comme le toit par exemple). De plus, certains d'entre eux pourront vous donner leur avis quant à l'offre formulée par le propriétaire.

Petit conseil : lorsque vous visitez les immeubles, gardez pour vous toutes vos observations, ne divulguez pas d'informations au propriétaire ou au courtier qui vous présente l'immeuble.

Si vous montrez trop d'intérêt, cela pourrait se retourner contre vous et le propriétaire pourrait se montrer moins flexible avec le prix d'achat lors de la négociation.

Soyez aussi attentif à ce que le propriétaire dit : il pourrait lâcher quelques indices qui vous indiqueront à quel point il est prêt à négocier et quel est son prix de vente minimum.

Personnellement, je lui demande quelle est la raison pour laquelle il vend l'immeuble.

S'il s'agit d'un déménagement dans une région lointaine, d'un départ à la retraite ou d'un divorce, c'est en général bon signe.

En revanche, si les motivations de vendre sont un burnout ou une faillite personnelle, soyez prudent, car il est fort probable que l'immeuble y soit pour quelque chose. Finalement, si plusieurs propriétaires ont hérité de l'immeuble il y a plusieurs années, faites attention : les héritiers ont la fâcheuse tendance à délaisser les immeubles légués et à ne pas s'en occuper convenablement.

3. Calculer la rentabilité

Il est l'heure de sortir la calculette. Ou plutôt le tableur Excel. Le but ici est de savoir avec précision combien cet immeuble va vous apporter. Pour le calcul de rentabilité, soyez conservateur et un peu pessimiste.

Si votre affaire reste viable, même en étant pessimiste, cela veut dire que c'est une affaire robuste, qui pourra résister facilement aux imprévus. En revanche, si vous êtes trop optimiste, le moindre imprévu peut faire échouer l'affaire. L'analyse financière vous permettra d'obtenir une idée précise de votre rentabilité : et voici à quoi elle ressemble.

Prix d'achat
+ Apports personnels
+ Revenu locatif brut
= Rendement brut
- Vacant (10%)
- Charges courantes
- Assurances
- Maintenance
- Gérance
- Taxe foncière
- Intérêts
- Remboursement hypothèque
- Provisions
= Revenu cash
+ Rendement Cash
+ Appréciation annuelle (1 %)
+ Revenu économique
= Rendement économique

Le rendement brut est la simple division entre le revenu locatif brut et le prix d'achat. Ce rendement ne dira pas grand- chose sur le rendement par rapport à vos apports personnels (ce que vous avez investi de votre poche). Cependant, ce chiffre vous permet d'estimer rapidement si l'immeuble se vend à un prix trop élevé.

En Suisse francophone, jamais je n'accepterai un immeuble avec un rendement brut de moins de 4.5 %. A contrario, si le rendement brut est très élevé, par exemple 9 %, la prudence s'impose, cela veut probablement dire qu'il y a un problème avec l'immeuble qui fait que son propriétaire actuel est désespéré de le vendre.

Le vacant représente le manque à gagner du fait que certains appartements seront vides. Pour respecter le principe de conservatisme, supposez qu'il y aura toujours 10 % de revenu en moins à cause du vacant. Les charges courantes représentent typiquement l'électricité et le chauffage. Normalement, ces coûts sont payés par les locataires mais cela dépend de la législation locale. Ces charges sont à priori prévisibles, mais là encore, ce n'est pas toujours le cas. Un chauffage au mazout peut être très bon marché une année et coûter beaucoup plus cher l'année suivante en raison d'une hausse du prix du pétrole.

Les assurances vous couvrent des dégâts et des sinistres qui pourraient se produire. Je vous recommande très fortement de souscrire à certaines assurances, et de ne pas essayer d'économiser ici. Cependant, je vous conseille de faire appel à un courtier en assurance qui pourra, vous trouver les meilleures offres.

Les frais bancaires représentent ce que vous devez payer à la banque. Il y a les intérêts d'une part et le remboursement de l'hypothèque. Si vous vous souvenez, le remboursement de l'hypothèque est une forme de rendement, car vous augmentez la part de l'immeuble qui vous appartient avec l'argent des loyers, ce qui représente l'enrichissement gratuit que nous avons couvert plus tôt.

Les frais de gérance peuvent être des frais fixes ou un pourcentage du revenu locatif. La deuxième solution est en général plus efficace puisqu'elle donne une meilleure incitation de bien effectuer son travail. Renseignez-vous toujours sur les gérances que vous engagez. Regardez les avis sur Google et assurez-vous qu'elle est appréciée des propriétaires et des locataires aussi. Une bonne gérance pourra garder les locataires souhaitables pendant des années.

Les frais de maintenance sont les coûts de réparation qu'il faudra faire de temps à autre. En achetant un immeuble en très bon état comme le suggère la méthode, ces frais de maintenance devraient être minimes. Si un aléa se produit, ou que certains équipements deviennent vieux, réparez rapidement. N'attendez pas à ce que les appartements tombent en pièces car cela vous coûtera bien plus cher plus tard.

Après avoir déduit tout cela, vous avez le revenu locatif net, c'est-à-dire l'argent qu'il vous reste après avoir tout payé. À cette étape, il est crucial de faire une provision (de l'argent mis de côté en prévision des travaux futurs). Un architecte pourra vous conseiller sur les provisions qu'il serait intéressant d'avoir compte tenu de l'état du bien.

Nous arrivons enfin au revenu cash (ou cash-flow en anglais), qui est l'argent qui arrive sur votre compte en banque après avoir tout déduit : c'est le fameux revenu passif. Divisez ce chiffre avec les fonds que vous avez investis, et vous saurez si vous avez fait une bonne affaire. Le rendement cash peut varier passablement d'une ville à l'autre et dépend aussi de la situation actuelle.

Informez-vous auprès d'architectes, de notaires ou de fiduciaires pour savoir quel rendement viser.

Une fois que vous savez avec précision quel sera le rendement cash de l'immeuble, vous pouvez estimer quelle sera son appréciation, donc la valeur qu'il prendra au fil du temps. Comme vous pouvez l'imaginer, il n'est pas possible d'utiliser une boule de cristal pour savoir quelle sera l'appréciation à l'avenir, il faut donc se fier aux analyses des données passées, à l'évolution des prix de l'immobilier prédits pour les années à venir, etc.

Faites en sorte de trouver les données les plus géographiquement proches de chez vous, sur une fenêtre de temps la plus large possible (25 ans minimum). La moyenne de toutes ces années sera une estimation de l'appréciation future.

Avec tous ces chiffres en main, vous pouvez maintenant calculer le chiffre clé : le rendement économique. Il s'agit de la somme de toutes les sources de rendement (rendement cash, appréciation, remboursement de l'hypothèque), indiquant votre enrichissement annuel grâce à votre immeuble.

Cela fait beaucoup d'informations, alors regardons ce que cela donne avec un exemple concret. Il s'agit de chiffres réels d'une affaire que j'ai analysée il y a quelque temps :

Prix d'achat	4'200'000
Apports personnels	**1'050'000**
Revenu locatif brut	+ 249'475
Rendement brut	**5.9 %**
Vacant (10 %)	-24'900
Charges courantes	- 35'000
Assurances	- 3'900
Maintenance	- 5'000
Gérance	- 10'300
Taxe foncière	- 7'260
Intérêts	- 47'000
Remboursement hypothèque	- 20'000
Provisions	- 17'000
Revenu cash	**= 79'115**
Rendement Cash	+ 7.5%
Appréciation annuelle (1 %)	+ 42'000
Revenu économique	**= 141'115**
Rendement économique	**13.4 %**

Sur ce tableau, on voit bien comment l'immobilier vous enrichit de plusieurs façons. Non seulement vous avez un revenu passif avec cet immeuble mais en plus l'immeuble s'apprécie. Vous bénéficiez aussi d'un enrichissement gratuit car vous remboursez l'hypothèque avec l'argent des loyers. Tout cela combiné fait que vous avez un revenu passif de 79'115 CHF par an et un enrichissement sur papier de 62'000 CHF par an, pour un rendement économique de 13.4 %. Il s'agit d'une performance extrêmement difficile à égaler avec des actions, surtout lorsqu'on prend en compte le revenu passif de l'immeuble ainsi que sa stabilité.

4. En choisir deux ou trois

Après avoir fait plusieurs visites et finalisé les analyses, vous pourrez décider lesquelles sont les meilleures options. La rentabilité est évidemment un des critères les plus importants, mais d'autres facteurs peuvent entrer en ligne de compte (le quartier, le feeling, etc.).

5. Approuver une hypothèque

Lorsque vos immeubles préférés sont sélectionnés, utilisez les services d'un courtier en hypothèques. Cela est une meilleure option que de contacter votre banque habituelle car une banque rivale peut vous fournir des meilleures conditions comme un taux d'intérêt plus bas.

Je comprends que certains trouvent qu'avoir une hypothèque est risqué et préfèrent acheter comptant. Cependant, ce n'est pas une bonne idée, car le rendement perdu est bien plus grand que la sécurité marginale que vous gagnez.

Si vous achetez un immeuble avec une bonne marge, qui tient la route financièrement, l'hypothèque représente en fait un risque minime. D'ailleurs, une hypothèque vous fournira un effet levier important et vous permettra aussi d'accéder à des immeubles plus grands, ce qui réduit votre risque. Rappelez-vous : dans l'immobilier, plus c'est grand, plus c'est rentable et plus c'est sûr.

Cela étant, lorsque vous serez en train de négocier une hypothèque, il vous faudra faire un choix important : taux d'intérêt fixe ou variable ? Si les taux sont très bas, comme ils l'ont été jusqu'aux alentours de 2021, la question ne se pose même pas : mieux vaut avoir un taux un peu plus élevé mais l'avoir du type « fixe » pendant un bon moment.

Mais quand le taux est de 2, 3 ou 4 %, cela devient un peu plus compliqué. Si vous bloquez votre taux durant 10 ans et que les taux redescendent, vous « surpaierez ».

En revanche, si vous ne le fixez pas, vous vous exposez au risque qu'il continue de monter, et là vous vous mordrez les doigts de ne pas l'avoir fixé. Il n'y a pas de réponse facile à cela, même les experts ne peuvent pas prédire avec précision l'évolution future des taux. J'ai lu quelque part qu'il faut toujours fixer quand le taux est en dessous de 1.5 % et ne pas le fixer quand il est au-dessus de 4 %, ce qui me semble être une assez bonne stratégie.

Lorsque les taux sont élevés, vous pouvez racheter l'hypothèque déjà existante de l'ancien propriétaire. Avec un peu de chance, ce dernier a fixé le taux d'intérêt quand celui-ci était bas et vous pouvez donc reprendre l'hypothèque. Cela lui évitera par la même occasion d'éviter des pénalités, ce qui pourrait mener à un rabais du prix d'achat.

6. Négocier, faire une offre et acheter

C'est le moment de vérité. À ce moment-là, vous ferez une offre au propriétaire. Ne soyez pas gêné de proposer un prix plus faible que celui qui est mentionné sur l'annonce, car c'est ce qui est habituellement recommandé (dans les faits, les transactions sont souvent plus faibles que le prix annoncé). Ne craignez pas de proposer un prix 15 ou 20 % moins cher, le propriétaire ne va pas s'en offusquer.

D'ailleurs, une offre basse a de bonnes chances de pousser le propriétaire à révéler son prix minimum. Toutefois, il vaut mieux faire ce genre de négociation en personne : les gens ont tendance à se montrer plus patients et respectueux en ayant quelqu'un physiquement devant eux que si la conversation avait lieu par téléphone ou par mails interposés.

Vous le verrez, ceux qui vendent un immeuble ont leurs propres techniques de négociation aussi. Par exemple, vous entendrez sans doute lors de la visite que beaucoup de personnes sont intéressées et sont déjà en train de faire des offres. D'ailleurs, des courtiers m'ont raconté au moins dix fois qu'un soi-disant riche homme d'affaire genevois était intéressé par l'immeuble et qu'il était venu en limousine le visiter. Soit c'est une fabulation, soit le genevois en question est omniprésent !

Ne soyez pas perturbé : *ce ne sont que des techniques de vente*. Certains courtiers mettent beaucoup de pression et demandent aux acheteurs potentiels de prendre une décision très rapide (certains demandent même une réponse dans les 24 heures). Ne vous laissez surtout pas faire ! Prenez le temps qu'il faut.

Mieux vaut laisser passer une affaire si on n'est pas certain plutôt que de prendre une décision hâtive sans avoir fait une analyse suffisante. Comme le dit l'entrepreneur Richard Branson : « les opportunités sont comme les bus, il y en a un autre qui vient toutes les cinq minutes ».

Après tout cela, vous serez en mesure de prendre une décision et, espérons-le, d'acheter un immeuble qui vous mènera sur le chemin de la liberté financière.

7. Engager une gérance

Avant de faire sauter le bouchon de champagne, assurez-vous d'engager une bonne gérance. Je ne pourrais jamais insister assez sur l'importance d'avoir une gérance. N'espérez pas économiser de l'argent en vous occupant de votre immeuble vous-même : croyez-moi, ces quelques francs ne valent pas le temps et l'énergie que cela vous prendra.

Je prône toujours la sous-traitance : elle vous permet de dépenser moins d'énergie, de progresser plus vite, et d'obtenir un résultat de meilleure qualité. Si l'ancien propriétaire avait déjà mandaté une gérance et s'en montrait satisfait, il vaut mieux la garder en place. Ils connaissent déjà l'immeuble et seront opérationnels dès le premier jour. En plus, si vous créez des liens et que vous vous entendez suffisamment bien avec eux, ils pourraient même vous faire part de nouvelles opportunités d'investissement à l'avenir.

Bien choisir son timing

L'immobilier, comme tous les investissements, connaît des cycles de hausse et de baisse des prix. Ce cycle est principalement rythmé par les variations des taux d'intérêt. Pour faire simple, ce sont les autorités d'un pays qui fixent le taux d'intérêt de référence (dit taux directeur). Ce taux directeur exerce une influence directe sur les taux d'intérêts que les banques fixent pour les hypothèques, et qu'ils proposent aux citoyens.

En règle générale, quand les taux d'intérêts montent, les prix de l'immobilier baissent, car les taux plus élevés font baisser le revenu généré par des immeubles et les prix baissent pour compenser ce manque à gagner.

Si on prend l'exemple précédent et qu'on suppose que les intérêts doublent (ce qui est un cas extrême et improbable), le revenu de l'immeuble sera de 32'115 au lieu de 79'115 CHF. Le prix de l'immeuble sera donc plus faible pour compenser le revenu plus faible.

En fait, lorsque les taux d'intérêts montent, le rendement des immeubles tend à augmenter aussi. Même si cela peut sembler contre-intuitif, c'est le meilleur moment d'acheter un immeuble ! En effet, les prix et les rendements sont plus attractifs et vous aurez en général moins de concurrence pour acquérir les immeubles dans ces moments-là.

À l'inverse, quand les taux d'intérêts baissent, les prix de l'immobilier tendent à augmenter car le revenu des immeubles augmente. Avec la même logique, lorsque les taux d'intérêts baissent, la rentabilité a tendance à baisser également.

En somme, le meilleur moment pour acheter un immeuble est quand les prix ont fini de baisser et qu'ils remonteront bientôt. Le pire moment d'acheter est au plus haut du cycle, juste avant que le prix ne baisse.

Cependant, n'attendez pas non plus que les prix soient au plus bas. Tant que vous n'achetez pas au plus haut du cycle, quand les vendeurs demandent des prix totalement excessifs, vous vous en sortirez bien.

Si vous patientez pendant des années pour attendre que le marché soit au plus bas, vous profiterez moins des intérêts composés, ce qui sera pour finir négatif (l'argent économisé ne vaudra pas le manque à gagner ou coût d'opportunité).

Les obstacles

Je ne serais pas honnête si je ne mentionnais pas les obstacles présents sur le chemin lorsqu'on décide d'acheter un immeuble soi-même. Je vais vous mentionner les plus importants à mon sens. Pour éviter de les subir à votre tour.

Le premier obstacle, *c'est qu'il faut beaucoup d'argent pour acheter son premier immeuble,* surtout si vous suivez la méthode et que vous visez des immeubles d'au moins 4 appartements. Il faut accumuler des sommes qui se chiffrent facilement en centaines de milliers de francs. Cela représente des années et des années d'épargne, qui, pendant ce temps-là, sont à la banque et ne produisent aucun rendement.

Le deuxième obstacle est le *manque de liquidité.* Un investissement est dit liquide quand vous pouvez l'acheter ou le vendre rapidement. Or, comme vous l'avez vu, acheter un immeuble est un processus qui prend plusieurs semaines et idem pour la vente. Trouver un acquéreur pour son immeuble peut prendre des mois, ce qui est problématique.

Troisièmement, les *coûts de transaction pour chaque immeuble sont élevés*. Chaque fois qu'un immeuble change de mains, il y a des frais de courtage, de listage, des frais de notaires, des taxes, etc. Pour vous donner une idée, les frais de notaires seuls peuvent atteindre jusqu'à 9 % du montant du bien, si celui-ci est ancien. Acheter ou vendre un immeuble coûte donc très cher.

Finalement, lorsque vous achetez votre propre immeuble, vous n'avez *pas de diversification*. Tout votre argent est investi dans un seul et même immeuble, ce qui représente un certain risque si un problème se produit avec l'immeuble, comme un incendie, une fragilité structurelle ou le quartier qui se dégrade. En d'autres termes, tous vos œufs sont dans le même panier.

Fort heureusement, il existe une alternative si vous voulez éviter tout cela : c'est l'immobilier participatif. Les plateformes d'immobilier participatif ou de crowdfunding réunissent des investisseurs pour qu'ils puissent acheter des immeubles ensemble en répartissant le coût. Souvenez-vous, plus c'est grand, plus c'est rentable. Donc, vous pouvez investir des petites sommes plus tôt, pour un rendement intéressant que vous n'auriez pas pu avoir seul. L'investissement minimum sur ces plateformes peut varier mais ils se situent en général vers les 25'000 CHF.

C'est une solution intéressante. Néanmoins, ça ne résout pas les problèmes de liquidité, de coûts de transaction et de faible diversification. En effet, revendre ses « parts » d'immeuble peut prendre du temps et vous coûtera probablement cher.

Conscient de ce problème après mon expérience, je me suis demandé s'il n'y avait pas une façon d'améliorer cette situation afin de proposer des investissements encore plus accessibles, liquides et qui puissent être échangés à moindre coût. Il se trouve que oui, c'est possible.

Ma plateforme d'investissement immobilier **Terys.ch** vous offre la possibilité d'investir dans des immeubles à partir de seulement 10'000 CHF en ne faisant que quelques clics sur votre smartphone ou ordinateur. Vous profitez d'une liquidité qui est très élevée et vous pouvez vendre votre investissement sur la section « Marché » de la plateforme à un autre utilisateur très rapidement et ce avec zéro frais de transaction.

Ainsi, il devient possible de démocratiser l'immobilier pour que chacun puisse y investir. Avec ma plateforme, il vous serait tout à fait possible d'investir chaque mois dans des immeubles et, avec le temps, de construire un portefeuille diversifié qui deviendra une source fiable de revenus passifs. Vous pouvez atteindre votre liberté financière en prenant très peu de risques et en y dédiant seulement quelques minutes par mois.

C'est réellement un projet qui me tient à cœur, et je crois en sa réussite. En ce moment, **Terys.ch** n'est disponible que pour les résidents suisses mais je remue ciel et terre pour permettre aux lecteurs francophones de France, de Belgique, du Canada ou de l'Afrique de pouvoir profiter de cette opportunité.

Pour faire simple, et écourter l'explication, ma plateforme vous donne accès à des immeubles plus grands, qui ont un rendement plus élevé, sans avoir de gestion à faire, et sans faire trop d'effort en général. En résumé, c'est la solution rapide, sûre, simple et efficace par excellence.

Si un outil de ce genre avait été disponible il y a des années, je n'aurais pas hésité une seule seconde, et j'aurais construit ma richesse plus rapidement.

Alors si vous êtes intéressé, et que vous voulez commencer votre aventure avec moi, contacter-moi sur le site de **Terys.ch**.

FAÇONNER SON MINDSET

Pour le succès à long terme

Avoir du succès, c'est bien. Mais le garder, c'est encore mieux. C'est ce qui distingue les étoiles filantes des constellations brillantes qui illuminent le ciel et notre imaginaire. Cette analogie s'applique aussi aux stars du cinéma, de la musique, etc. Bon nombre de jeunes talents ont sombré dans les excès à cause d'un succès fulgurant.

Félicitations pour avoir lu ce livre jusqu'ici. Vous êtes déterminé, et vous avez obtenu toute la connaissance contenue dans ce bouquin. Mais sans pratique, vous n'aurez pas de succès.

Vous l'avez déjà entendu des milliers de fois, mais en réalité, j'aimerais ajouter un petit avis personnel, basé sur de nombreuses années d'expérience. J'ai pu remarquer qu'avoir du succès, c'est 10 % de pratique pour 90 % de mental.

Travailler son *mindset* (état d'esprit), c'est en fait devenir une version plus puissante de soi-même. C'est ce qui vous aidera à tenir sur le long terme, au lieu d'exploser en plein vol. C'est aussi ce qui distingue les « bons » des « professionnels ». Cette barrière est très souvent uniquement mentale, et vous pouvez la surpasser en renforçant votre mental : ça tombe bien, c'est justement ce que nous allons voir ici. Quelques clés pour vous permettre de vous façonner un *mindset* indestructible, et vous pourrez enfin conquérir vos objectifs.

Découvrez ce qui vous motive

Le but de l'investissement est simple : avoir plus d'argent à l'avenir. Mais l'argent est rarement un motivateur en soi, c'est plutôt un outil pour acquérir des objets, vivre des expériences ou avoir plus d'options et de liberté.

C'est pour cette raison que découvrir ce qui vous motive en votre for intérieur est crucial. Peut-être ce qui vous motive de gagner votre indépendance financière c'est de : Pouvoir vous occupez de vos enfants ? Voyager à travers le monde ? Déménager sur une île tropicale ? Vous dédier à vos hobbies ?

Listez toutes les bonnes choses auxquelles vous pourrez accéder
une fois votre liberté financière acquise.

Encore mieux, imprimer des petites photos et collez-les sur un tableau dans une pièce de votre logement. C'est le concept de *motivation board* (tableau de motivation).

Cependant, en tant qu'humains, nous avons la tendance intéressante de déployer plus d'effort pour éviter les événements négatifs que les positifs. Cette caractéristique peut être utilisée à votre avantage.

Listez toutes les choses négatives qui s'abattront sur vous si vous ne gagnez pas
votre indépendance financière.

Cela peut être : travailler tous les jours dans un emploi que vous n'aimez pas, ne pas pouvoir voyager comme vous le souhaitez, passer peu de temps avec votre famille, etc.

Avec ces listes, vous pourrez vous motiver à rester sur la bonne voie et maintenir un haut niveau de discipline.

Commencez maintenant

Quel est le meilleur moment pour avoir un enfant ? Pour commencer un business ? Pour se mettre au sport ? Pour apprendre ? Il n'y en a pas. Vous trouverez toujours de bonnes raisons de repousser les choses. Pour l'investissement, vous vous direz que c'est le manque de moyens, une promotion imminente, l'incertitude générale, le manque de connaissance, etc. Gardez en tête que les étoiles ne seront jamais parfaitement alignées pour entreprendre quoi que ce soit.

Rappelez-vous également du pouvoir des intérêts composés, et vous comprendrez que le temps est un élément essentiel. Chaque semaine, chaque mois, chaque année où vous n'investissez pas repoussent le jour où vous atteindrez votre liberté financière.

Quelqu'un qui investit pendant 25 ans 500 CHF par mois avec un rendement de 6 % finira avec une fortune de 329'187 CHF, ce qui est une belle somme. En revanche, l'investisseur qui aurait investi le même montant au même rendement pendant 10 années de plus, soit 35 ans, aura une fortune de 668'608 CHF. Vous passez du simple au double si vous agissez plus vite.

Selon un proverbe chinois, « *le meilleur moment pour planter un arbre était il y a 20 ans, et le deuxième meilleur moment est maintenant* ». Cela n'a jamais été aussi vrai que lorsqu'on parle d'investir, surtout dans le climat actuel. Si vous avez une grosse somme d'argent épargnée, investissez.

Avoir de l'épargne à la banque vous coûte littéralement de l'argent, à cause de l'inflation notamment, mais aussi du coût d'opportunité. Si vous n'avez pas d'argent épargné en ce moment, ce n'est pas un problème. Si vous lisez ce livre, cela veut probablement dire que vous pouvez mettre tous les mois une certaine somme de côté. Vous n'avez qu'à éviter les pièges dont nous avons déjà parlé, suivre un budget et vous verrez qu'épargner et investir est simple.

L'investissement est un muscle

Des centaines de livres examinent les méthodes d'investissements de Warren Buffett, l'investisseur milliardaire. La plupart sont de bons ouvrages mais je pense qu'ils n'abordent pas un élément crucial qui est pourtant sous le nez de tout le monde. Warren Buffett investit son argent dans des entreprises dans lesquelles il croit. Il ne fait rien d'autre.

Il laisse l'intérêt composé faire son travail et il est resté fidèle à sa doctrine d'investissement pendant plus de 75 ans.

Pour l'immobilier, c'est la même chose. Vous avez la méthode en main et si vous vous y tenez et si vous appliquez avec discipline, vous augmenterez vos revenus. Les distractions seront nombreuses et croyez-moi : vous serez tenté de dévier de la méthode et de tout mettre sur des investissements exotiques tendances, des nouvelles opportunités, etc. Lorsque vous ressentez cette tentation, revenez vers la liste des choses positives et négatives citée plus tôt. Cela boostera votre motivation et donc vous donnera la discipline de vous en tenir à la formule gagnante.

Je conseille d'investir la même somme régulièrement. Cette technique, connu sous le nom de *Dollar Cost Averaging* (DCA), présente plusieurs avantages. En effet, si vous investissez 10'000 CHF tous les ans, vous vous assurez de profiter au maximum de la puissance des intérêts composés et en plus, vous réduirez votre risque.

Imaginons que vous investissiez dans l'immobilier quand il est trop cher : vous payerez au prix fort pendant un ou deux ans. Mais lorsqu'une correction aura lieu, vous payerez à un *prix de braderie*. Le DCA lisse votre investissement.

De cette façon, vous réduisez considérablement le risque d'investir votre argent lorsque le marché est trop cher et sur le point de se corriger.

Ne vendez pas sans bonnes raisons

Je me souviens, quand j'investissais dans des actions à mes débuts, et que je m'étais construit un portefeuille à l'apparence prometteuse. Le jour où j'ai investi tout l'argent disponible. Je me suis assis devant mon écran et je me suis posé la question : « Et maintenant, je fais quoi ? ».

Ce manque d'action, cette sensation de finitude m'a poussé à vendre des actions quelques jours plus tard, afin d'empocher un petit gain et réinvestir dans d'autres opportunités. Le même scénario se produisait tous les jours jusqu'au jour où j'ai décidé de couper court aux pertes.

Il se trouve que c'est un phénomène connu. Il est très difficile de rester tranquille et de ne rien faire en attendant que nos investissements portent ces fruits. J'appelle cela « l'illusion de l'action ». C'est l'impression qu'on doit faire quelque chose pour avancer alors que la meilleure chose à faire est de patienter. Les investisseurs en immobilier peuvent aussi être victimes de l'illusion de l'action. Quand on ressent une envie irrépressible de vendre pour une nouvelle opportunité, mieux vaut se demander si cela a du sens financièrement ou si c'est l'illusion de l'action.

Pour éviter de tomber dans ce piège, je vous conseille de ne pas vendre, sauf si les fonds dégagés vous permettent d'investir dans une nouvelle opportunité bien plus rentable. C'est la seule approche rationnelle.

Par exemple : si vous avez investi 10'000 CHF dans un immeuble qui vous rapporte 7 % via la plateforme **Terys.ch**, il peut être intéressant de vendre afin de réinvestir dans un immeuble offrant un rendement de 9 %.

Avant le dernier chapitre, une petite faveur : si ce que vous avez lu vous a plu, merci de laisser un avis. Vos retours sont essentiels pour faire connaître le livre et aider d'autres lecteurs.

LES PIÈGES DE LA CLASSE MOYENNE

Ce qui compte ce n'est pas combien vous gagnez,
mais combien vous gardez.
AUTEUR INCONNU

Je me souviens de ce dermatologue qui fréquentait le même club d'aviation que moi. Il parlait beaucoup de lui et j'ai donc pu observer sa vie d'assez près. Il était brillant dans son métier et il avait ouvert un cabinet avec sa femme qui était elle aussi dermatologue. Comme vous pouvez l'imaginer, ce couple gagnait très bien sa vie. Ils s'étaient offert une belle villa, une maison de vacances sur la côte d'azur, plusieurs voitures, un bateau sur le lac, etc.

La belle vie a duré de nombreuses années… jusqu'au jour où Monsieur est tombé gravement malade et n'a pas pu exercer pendant un an et demi. Le couple a vu son revenu amputé de 50 %.

Leur train de vie exubérant faisait qu'ils avaient des sommes colossales à payer chaque mois et avec leur nouveau revenu réduit, il était devenu impossible de tout payer. Ils ont tout perdu. Quand le mari du couple a pu être à nouveau en état de travailler, ils sont retournés à la case départ. Ils ne possédaient plus rien, et leur compte en banque était à zéro. Tout recommencer est bien plus difficile quand on est déjà proche de la soixantaine, comme c'était leur cas. Ils ont dû baisser radicalement leur niveau de vie, et leurs chances d'avoir une retraite bien confortable sont devenues minces.

Cette histoire vous semble-t-elle familière ? Nous avons tous connu quelqu'un qui s'est retrouvé dans cette situation ou encore pire, et en réalité, nous sommes en train de suivre nous-même ce parcours. La vie de ce dermatologue représente à merveille ce que j'appelle le « piège de la classe moyenne ». Ce piège consiste à relativement bien gagner sa vie, tout dépenser, ne rien investir et donc dépendre entièrement de son travail comme source de revenu. La vie devient donc bien difficile quand pour une raison ou une autre (départ à la retraite, maladie, etc.) vous ne pouvez plus travailler.

Heureusement pour vous, vous tenez ce livre entre vos mains et vous pouvez donc éviter ces pièges. La morale de l'histoire est simple : éviter certaines erreurs et développer des sources de revenus passifs qui ne dépendent pas de votre travail. En d'autres termes, faire que votre argent travaille pour vous en investissant. Cet objectif sera plus facile à atteindre en évitant les pièges suivants :

Piège numéro 1 : acheter sa propre maison avant d'investir

Acheter son propre bien est un mauvais investissement, car ce n'en est pas un. C'est important, et c'est parfois le projet d'une vie. Mais la résidence personnelle n'est pas un investissement.

Un investissement est quelque chose qui met de l'argent dans votre poche régulièrement. Or, une maison fait sortir de l'argent de votre poche régulièrement, sans vous rapporter de loyer si vous l'occupez. Certes, vous pouvez faire un certain bénéfice le jour où vous vendrez votre maison, mais avant ça, une maison va vous coûter très cher en intérêts, taxes, réparations et autres charges, ce qui sera bien plus cher que si vous louez. En somme, acheter une maison avant d'investir ressemblera davantage à un fardeau financier qu'au paradis promis.

Acheter une maison ou un appartement immobilise une grande partie de vos économies, qui ne pourront donc plus être investies. Cela représente un grand coût d'opportunité. Même avec les paramètres les plus optimistes, la rentabilité que peut vous apporter votre résidence est de moins de 1.5 % par an… comparé au 7 % que l'immobilier de rendement peut facilement vous apporter.

Je vous invite à investir afin d'augmenter vos revenus, pour mieux acheter la maison de vos rêves plus tard.

Petite astuce afin de combiner le meilleur des deux mondes : vous pouvez acheter un immeuble de plusieurs appartements et occuper l'un d'entre eux. Vous n'aurez pas de loyer à payer et vous bénéficierez des revenus supplémentaires de votre immeuble, d'une pierre deux coups.

Piège numéro 2 : compter sur les fonds de pensions et les caisses de retraite

Si vous comptez sur les caisses de retraites pour financer vos vieux jours, vous allez avoir une mauvaise surprise.

Nos caisses de pensions ont été conçues il y a bien longtemps, lorsque notre population avait des caractéristiques différentes. Son fonctionnement se base sur la répartition et la solidarité : les personnes qui travaillent paient la retraite des retraités. Le jour de votre retraite, ce que vous recevrez des caisses vous placera dans le meilleur des cas juste au-dessus du seuil de pauvreté, la plupart du temps, en dessous.

Pour résoudre ce problème, les fonds de pension ont été créés. Ils sont différents des caisses car ils ne sont pas solidaires. Chaque mois, une partie de votre salaire vous est prélevée et cet argent est ensuite investi. L'idée est que cette cotisation permettra de vous construire un capital suffisant pour financer votre retraite. Hélas, c'est souvent insuffisant. Les cotisations sont investies en respectant des principes dépassés et ont un rendement très faible.

En résumé, si vous comptez sur les caisses et les fonds de pension, vous serez non seulement obligé de travailler jusqu'à l'âge de la retraite mais vous devrez aussi avoir un niveau de vie plus bas. Et qui veut baisser son niveau de vie après tant d'années d'effort ? Personne.

Investir votre argent est donc une nécessité, selon cette approche. Envisagez la situation de cette façon : la fortune que vous construirez grâce à vos investissements est le gâteau, les fonds de pensions sont le glaçage et les caisses sont la cerise. Un complément agréable mais rien de plus.

Piège numéro 3 : Dépenser plus que ce que vous gagnez

Il n'est pas difficile de comprendre pourquoi dépenser tout ou plus que vous ne gagnez est problématique. Et pourtant, nous sommes plus endettés que jamais. Les dettes bancaires et de carte de crédit ont explosé et se chiffrent en milliards de francs.

Une fois endetté, vous entrez dans un cercle vicieux particulièrement difficile à briser. Les intérêts à payer augmentent de plus en plus et votre revenu est de plus en plus grignoté par les paiements de dettes. Il devient alors impossible d'avoir un bon avenir financier.

La solution la plus simple est de ne pas s'endetter. Il n'y a même pas de plafond pour avoir une dette acceptable : visez zéro dette. La seule dette plus ou moins acceptable est le leasing de la voiture, mais là encore, procédez avec prudence.

Une solution imparable pour éviter le surendettement est de mettre de côté au minimum 15 % de votre revenu tous les mois afin de l'investir. Si vous investissez ces 15 % intelligemment, vos revenus augmenteront et, dans le pire des cas, vous pourrez vendre vos actifs pour vous sortir d'une situation délicate. De cette façon, vos finances seront à l'image d'une pyramide : indestructible, et toujours debout.

Oui, mettre de l'argent de côté est difficile. Comme le décrit bien la loi de Parkinson: « peu importe quel est votre revenu, vos dépenses auront tendance à toujours l'égaler ».

Nous avons tous vécu cela. Au début de notre carrière nous gagnons peu et réussissons à nous en sortir malgré tout.

Mais le jour où notre revenu augmente, nous décidons de nous acheter une plus belle voiture, de vivre dans un appartement plus spacieux, de s'offrir de plus belles vacances, etc. Lorsque vous faites vos comptes, vous dépensez alors tout le revenu supplémentaire. Pour contrer la loi de Parkinson, un outil fait très bien le travail : avoir un budget. Cela requiert de la discipline, mais avoir un budget, c'est savoir où est allé son argent le mois dernier plutôt que de se demander s'il ne s'est pas volatilisé.

Pour vous aider à budgétiser, je peux vous aider. D'abord, sachez qu'il existe des plateformes telles que Notion ou Excel qui proposent des modèles de calculateur et de suivi de budget. Autrement, le calculateur de lafinancepourtous.com[9] est entièrement gratuit et vous donne accès à un modèle simple.

Mais il serait d'autant plus facile de remédier à ce problème en connaissant les racines. Pourquoi dépense-t-on plus que ce que l'on gagne ?

Piège numéro 4 : Vouloir impressionner les autres

Il y a une expression en anglais qui peint un phénomène intéressant. « *Keeping up with the Joneses* » décrit le fait de se comparer constamment.

En fait, les Joneses sont une famille imaginaire avec laquelle tout le monde se compare et veut correspondre. Si les Joneses achètent une voiture haut de gamme, on fait de même parce qu'on ne veut pas se faire ridiculiser. Il faut bien soigner les apparences et faire croire à tout le monde qu'on s'en sort mieux qu'eux, non ? Si les Joneses vont passer leurs vacances aux Seychelles, on fera de même et si possible mieux afin de le faire savoir à tout le monde sur les réseaux sociaux.

Se comparer aux autres et vouloir prouver au monde qu'on a de la valeur est probablement la cause numéro 1 de pourquoi les gens dépensent plus que ce qu'ils gagnent. Nous en sommes tous victimes, même inconsciemment et finissons dans la base de données des marques de luxe. Pensez-y : lorsque vous achetez une grosse berline allemande, est-ce vraiment par amour de l'automobile ou pour faire croire aux autres que vous êtes riche ?

De mes observations, les gens dépensent plus que ce qu'ils gagnent principalement parce qu'ils gaspillent leur argent pour acquérir des produits ou des services d'apparat afin de « *Keep up with the Joneses* ». Voici une liste non exhaustive des achats de ce genre :

- Voiture de luxe
- Maison individuelle
- Vêtements de marque
- Bijoux ostentatoires
- Maroquinerie de marque très reconnaissable (vous avez deviné laquelle, je me garderai de la citer)
- Voyages exotiques
- Équipement électronique de dernier cri

Ne vous y trompez pas, je ne dis pas que c'est mal de vouloir avoir de belles choses ou même de se les approprier. Cependant, il faut garder le sens des priorités et construire son patrimoine et ses revenus passifs avant de dépenser des milliers de francs dans un voyage exotique. Devenez fortuné et ensuite seulement achetez du luxe. Il vaut mieux renoncer à cette grosse voiture qui engloutira 20 % de votre revenu et opter pour une voiture d'occasion pour une fraction du prix ! Investissez cet argent, et dans quelque temps, vous aurez ce que les Joneses n'auront jamais : la liberté financière.

Maîtrisez le besoin de vous comparer et de prouver votre valeur aux autres par vos achats, et investir 15 % ou plus de votre revenu sera un jeu d'enfant.

Piège numéro 5 : vouloir gagner beaucoup rapidement

Saviez-vous qu'en Hollande, en 1637, il y a eu une bulle spéculative à propos des tulipes ? Les gens étaient prêts à tout pour pouvoir acheter une tulipe. Non pas pour décorer leur logement ou pour l'offrir à leur bien-aimée mais pour spéculer. Ils espéraient qu'une personne encore plus naïve vienne quelques jours plus tard pour acheter la tulipe en question pour un prix plus élevé. Et le pire dans cette histoire, c'est que ça a marché.

Il arriva un moment où une tulipe valait plus du double qu'une maison standard de l'époque ! La quasi-totalité d'Amsterdam s'était dédiée à l'achat-revente de tulipes et ils étaient tous convaincus d'avoir découvert le secret de la richesse… Jusqu'au jour où ça n'a plus marché.

Aussi rapidement que le prix de la tulipe était monté, il s'est écrasé et a perdu presque toute sa valeur en quelques jours seulement.

Pour beaucoup ce fut une tragédie car ils avaient emprunté de l'argent pour spéculer et étaient désormais ruinés. Une vague de suicide sans précédent frappa la Hollande à ce moment-là. Tout ça à cause d'une fleur.

Cette histoire vous paraît-elle complètement folle ? Vous vous dites peut-être que nous sommes une génération trop bien informée et trop intelligente pour s'embarquer dans des désastres pareils ?

Vous avez totalement tort.

Rien n'a changé. Aujourd'hui, plus que jamais, l'ignorance et les raisonnements fallacieux sont pris pour des vérités. Les gourous qui vous promettent de vous rendre riche en quelques jours se multiplient. Il y a quelques années, c'étaient les entreprises pyramidales (MLM, Ponzi)[10], qui vous promettaient la prospérité, à condition de harceler tous vos contacts pour leur vendre du shampooing antipelliculaire. Désormais, on vous promet de devenir millionnaire en deux semaines grâce à la dernière cryptomonnaie prétendument révolutionnaire, censée bouleverser le monde de la finance.

Si on remonte à la fin des années 90, investir dans n'importe quelle entreprise dont le nom finissait par « *.com* » semblait être le meilleur moyen de transformer quelques centaines de francs en millions en l'espace de quelques semaines.

Rien n'a changé. La tulipe a juste été remplacée par autre chose.

Si vous vous attardez sur les personnes qui se sont lancées dans de telles aventures, vous constaterez que l'échec a été au rendez-vous dans 99.9 % des cas. Vous remarquerez également que la plupart de ces personnes étaient des novices qui se lançaient pour la première fois dans le monde de l'investissement et qui, après leur échec, se sont promis de ne plus jamais investir le moindre centime dans quoi que ce soit.

C'est un grand piège à éviter, dans lequel je suis moi aussi tombé avec les actions. Une fois qu'on est décidé à investir, il est facile de vouloir plonger dans ce genre d'opportunités, qui vous promettent la richesse rapide. Cependant, il y a un adage bien connu dans le monde des affaires :

« Si c'est trop beau pour être vrai, c'est parce que ce n'est pas vrai »

En effet, avoir du succès avec ce genre de méthode d'investissement relève plus de la chance qu'autre chose. De plus, la majorité de ses méthodes sont basées sur la spéculation pure et ne vous apportent aucun type de revenu passif, et encore moins de sécurité. Presque toutes consistent à acheter et vendre un investissement en très peu de temps. L'histoire est pleine de ce type de bulles, et l'issue a toujours été la même.

Il vaut donc mieux investir son argent de manière sensée, ce qui prend certes un peu plus de temps, mais qui vous apportera le résultat espéré avec certitude. L'investissement immobilier est millénaire et il est là pour rester car nous aurons toujours besoin d'un logement. En évitant la spéculation et en construisant votre empire immobilier, vous vous assurez un avenir radieux.

Un avenir où vous décidez comment vivre votre vie.

SYNTHÈSE FINALE : LES POINTS CLÉS DE CE LIVRE

L'investissement est la clé de la liberté financière.

Suivre la « Méthode de l'autoroute », c'est s'assurer un avenir financier durable grâce à l'investissement immobilier.

L'immobilier est l'investissement le plus rentable, fiable et profitable.

Il apporte des revenus passifs et, surtout, des revenus récurrents.

Armez-vous du bon état d'esprit, de patience, et vous aurez déjà fait un grand pas vers la réussite.

Restez conservateur et discipliné. Tenez-vous-en à votre budget et vous serez libre plus vite que vous ne le pensez !

RÉFÉRENCES

[1] Terys.ch Plateforme d'investissement immobilier :
https://www.terys.ch

[2] NFT (de l'anglais *non-fungible token*) ou jeton non fongible (JNF) :
https://fr.wikipedia.org/wiki/NFT

[3] *Day Trading* ou Spéculation sur séance :
https://fr.wikipedia.org/wiki/Spéculation_sur_séance

[4] Les intérêts : https://financera.fr/finances/calcul-interets-composes/

[5] Indice des prix des biens immobiliers : https://realadvisor.ch/fr/prix-m2-immobilier

[6] BNS Portail de données :
https://data.snb.ch/en/topics/uvo/cube/plimoinchq

[7] Taux de rentabilité immobilière :
https://realadvisor.ch/fr/blog/comment-calculer-le-taux-de-rentabilite-d-un-investissement-immobilier

[8] *Crowdfunding* ou Financement participatif :
https://fr.wikipedia.org/wiki/Financement_participatif

[9] Calculateur de budget gratuit :
https://www.lafinancepourtous.com/outils/calculateurs/calculateur-de-budget-simple/

[10] Système de Ponzi : https://fr.wikipedia.org/wiki/Système_de_Ponzi

www.ingramcontent.com/pod-product-compliance
Lightning Source LLC
Chambersburg PA
CBHW052330220526
45472CB00001B/352

* 9 7 9 8 3 0 0 4 5 6 8 9 4 *